Patrick Loewert

As-Sīsīs Hauptstadtprojekt im Kairoer Osten

Wirtschaft, Gesellschaft und Geographie im Vorderen Orient

Herausgegeben von
Steffen Wippel

Band 118

Patrick Loewert

As-Sīsīs Hauptstadtprojekt im Kairoer Osten

Neues Verwaltungszentrum
und strategische Raumkonstruktion

DE GRUYTER

ISBN 978-3-11-066929-9
e-ISBN (PDF) 978-3-11-066940-4
e-ISBN (EPUB) 978-3-11-066949-7

Library of Congress Control Number: 2019952101

Bibliographic information published by the Deutsche Nationalbibliothek
The Deutsche Nationalbibliothek lists this publication in the Deutsche Nationalbibliografie;
detailed bibliographic data are available on the Internet at http://dnb.dnb.de.

© 2020 Walter de Gruyter GmbH, Berlin/Boston
Printing and binding: CPI books GmbH, Leck

www.degruyter.com

Inhalt

Abbildungen

Abkürzungen

1 Einleitung

Scharm el-Scheich, eine Kleinstadt am Roten Meer an der Südspitze der Sinai-Halbinsel, ist unter Ägyptern wie Touristen vor allem bekannt als ruhiger und abgelegener Badeort. Einen merklichen Bedeutungszuwachs erfuhr die Stadt für drei Tage im März 2015, als hier eine Tagung unter dem Titel Egyptian Economic Development Conference stattfand. ʿAbd al-Fattāḥ as-Sīsī, der zuvor als neuer Präsident vereidigt worden war, hatte die Veranstaltung im Vorfeld als wegweisendes Treffen beworben, um ein von Revolutionen und Umstürzen zerrüttetes Land wirtschaftlich zu beleben und politisch zu stabilisieren. In entsprechender Hoffnung auf Investitionsmöglichkeiten und auf Einsicht in die Pläne der neuen Regierung waren zahlreiche hochrangige Gäste angereist. Neben 18 Staatsoberhäuptern sowie Delegationen aus Industrienationen nahmen auch der US-amerikanische Außenminister, die Direktorin des Internationalen Währungsfonds und die Vorstandsvorsitzende der Weltbank an der Konferenz teil. Die Regierung erwartete Hunderte Millionen US-Dollar an Investitionszusagen, die in dreißig vorgestellte Projekte fließen sollten.

Eines der wohl aufsehenerregendsten Projekte wurde am ersten Tag vorgestellt: Ein Modell veranschaulichte die Vision einer neuen Großstadt, die später den Namen Neue Verwaltungshauptstadt (New Administrative Capital) tragen sollte. Das noch sehr grobe Konzept sah Wohnviertel für fünf Millionen Menschen vor, einen Flughafen größer als Heathrow, ein 90 Quadratkilometer großes Solarfeld sowie einen kolossalen Obelisken von mehreren Hundert Metern Höhe im Stadtzentrum. Im Süden der Stadt war ein Themenpark mit der vierfachen Fläche Disneylands in Florida geplant. Als Vorbilder der Planstadt wurden Singapur und Dubai als regionale Wirtschaftsknotenpunkte angeführt.[1]

Auch wenn die Zielvorgaben des Projekts ungewohnt ambitioniert sind, ist die Gründung einer Stadt in der Wüste kein neues Phänomen in Ägypten. Die Siedlungsflächen aus dem grünen Niltal dehnen sich seit Jahrzehnten sukzessive in die benachbarten Wüsten aus. Dies gilt insbesondere für den Großraum Kairo, ein Konglomerat aus drei verschiedenen Städten zu beiden Seiten des Nils. Die Hauptstadt Kairo, östlich des Nils gelegen, erfährt seit Beginn des 20. Jahrhunderts eine Erweiterung in die Arabische Wüste, die das weite Land zwischen dem Nil und dem Roten Meer ausfüllt. Das Hauptstadtprojekt ist daher nicht Beginn, sondern vorläufiger Höhepunkt der Wüstenentwicklung im östlichen Kairoer Großraum.

---

1 Vgl. Salem 2015; Shenker 2017, S. 71.

https://doi.org/10.1515/9783110669404-001

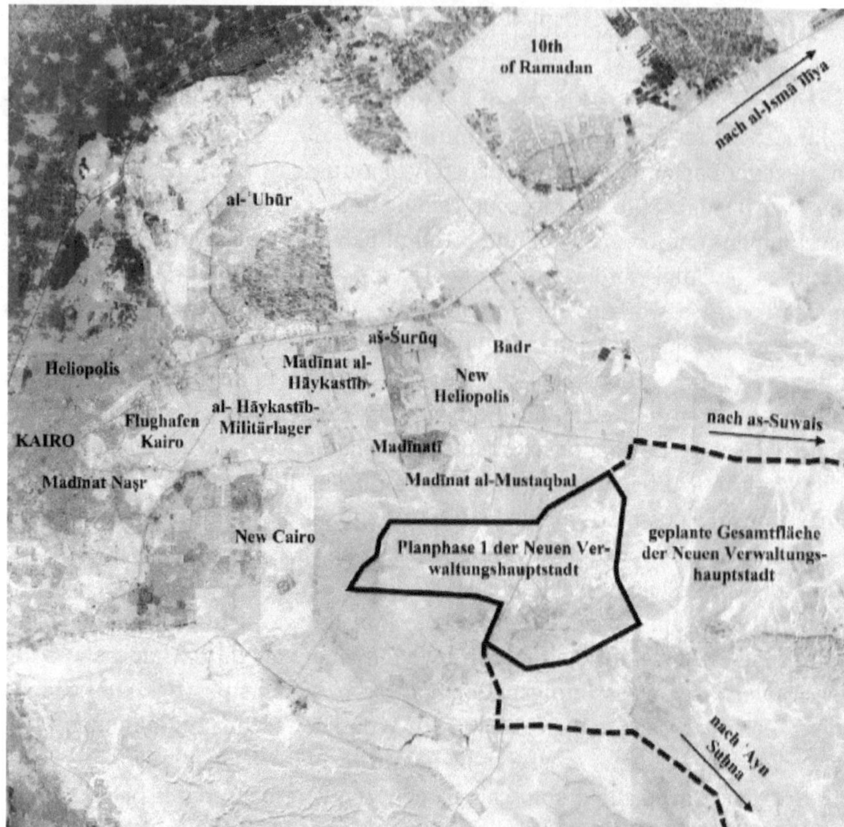

Abbildung 1: Größere urbane Areale in der Arabischen Wüste nahe Kairo

Als Hauptbestandteil der ägyptischen Raumplanung und -ordnung ist die Urbanisierung der Wüste in ihrem Ausmaß insbesondere für Entwicklungsländer außergewöhnlich und aufgrund ihres Ressourcenverbrauchs von großer Bedeutung für die wirtschaftliche Entwicklung Ägyptens.[2] Ihre Analyse kann somit zu einem tieferen Verständnis der Strukturen und politischen Wirkweisen des bevölkerungsmäßig größten Landes der arabischen Welt beitragen. Am Beispiel der Neuen Verwaltungshauptstadt als komplexes und großflächiges Projekt von nationaler Tragweite soll gezeigt werden, wie die Interessen machtvoller Entscheidungsträger mit der Wüstenurbanisierung verwoben sind. Dazu bedient sich der Autor der strategischen Raumkonstruktion als handlungstheoretisch

---

2 Vgl. Shawkat und Hendawy 2017; Stewart 1996, S. 462.

ausgerichtetem Ansatz. Demzufolge lässt sich annehmen, dass Akteure in einem Nutzungskonflikt subjektive Realitäten erschaffen, anhand derer sie ihre Standpunkte vertreten und subjektive Ziele verfolgen. Daraus abgeleitet lauten die vier Fragestellungen des vorliegenden Beitrags:

1. Welche Akteure sind an der Planung und Entwicklung der Neuen Verwaltungshauptstadt beteiligt und welche Ressourcen stehen ihnen zur Verfügung?
2. Wie verändert sich die Machtposition der Akteure im Laufe des Stadtentwicklungsprozesses?
3. Welche Argumente vertreten die Akteure, um ihre Interessen und ihre Einflussnahme im Projekt zu rechtfertigen?
4. Welche Zielvorstellung liegt den jeweiligen Argumentationslinien zugrunde?

Als Vorbereitung für die Erörterung der Fragen werden in Kapitel 2 in Kürze die Entwicklung des Konstruktivismus, der Strukturationstheorie, des Rational-Choice-Ansatzes und der strategischen Raumkonstruktion als theoretisches Fundament vorgestellt. Anschließend befasst sich der Autor in Kapitel 3 mit den Methoden, die einen empirischen Zugang zu der Thematik ermöglichen. In Kapitel 4 werden deskriptiv die beiden Entwicklungsstränge vorgestellt, die dem Projekt der Neuen Verwaltungshauptstadt zugrunde liegen, nämlich einerseits die Siedlungsexpansion in die Arabische Wüste sowie andererseits die bislang erfolglosen Versuche, das Regierungszentrum zu verlegen. Darauf aufbauend werden in Kapitel 5 die Einflussnahmen und Handlungsmuster der Projektbeteiligten erläutert. Hierfür wird zunächst die Ausgangslage jedes Akteurs beleuchtet. Anschließend erfolgt eine Analyse der internen Argumentation gegenüber konkurrierenden Akteuren, der externen Argumentation als Rechtfertigung des Hauptstadtprojekts in der Öffentlichkeit sowie der Veränderung der Machtposition der Akteure im Laufe des Stadtentwicklungsprozesses. In Kapitel 6 werden die oben gestellten Fragen beantwortet, indem die Akteure zueinander in Verbindung gesetzt werden. Der Untersuchungszeitraum der Arbeit reicht bis etwa September/Oktober 2017, als die ersten Entwicklungsphasen abgeschlossen waren (siehe dazu Kap. 4.3). Neuere Entwicklungen werden am Rande behandelt und aufgrund der fortdauernden Entwicklung der Verwaltungshauptstadt nicht detailliert analysiert. Das Diskussionspapier stellt die gekürzte und aktualisierte Fassung einer Ende 2017 eingereichten Masterarbeit dar.[3]

---

3 Loewert, Patrick (2017): Die Urbanisierung der Arabischen Wüste. Stadtentwicklung und strategische Raumkonstruktionen im östlichen Kairoer Großraum. Westfälische Wilhelms-Universität, Institut für Geographie Münster.

2 Theorie

Das Feld der Politischen Geographie als Teil der Sozialgeographie ist ein Sammelbecken verschiedener, sich ergänzender und nicht klar voneinander abgegrenzter Theoriesysteme, wozu unter anderem die Geographische Konfliktforschung zählt. Die handlungsorientierte Konfliktforschung zeichnet sich dadurch aus, dass in einer Analyse von beteiligten Akteuren und ihren Machtpotenzialen Konflikte um die Verfügung über Ressourcen und um deren Kontrolle offengelegt werden. Als grundlegende Untersuchungsgegenstände der Konflikttheorie gelten das „Handeln der Akteure im Konflikt als individuelle Nutzenoptimierungs-Strategie, das Handeln der Akteure innerhalb der Grenzen, Zwänge und Möglichkeiten der sozialen Institutionen und Regeln, [sowie] die Rolle und Bedeutung [von] Ressourcen für das Handeln der Akteure im Raumnutzungskonflikt."[4] Eine Variante der Konfliktforschung bietet Paul Reuber mit seinem Ansatz der subjektiven Raumkonstruktion an, demgemäß Akteure im Konflikt um die Nutzung von Ressourcen subjektive Raumbilder konstruieren, um eigennutzenorientierte Zielvorstellungen durchzusetzen. Der Vorteil dieses Ansatzes besteht darin, die Entwicklung von Raumnutzungskonflikten hinsichtlich der Wahrnehmung der Beteiligten untersuchen und Rückschlüsse auf ihre subjektiven Ziele ziehen zu können. Diese Herangehensweise lässt eine umfassende Durchleuchtung der kollektiven und individuellen Intentionen und Außendarstellungen zu, die sich in einer machtbetonten Struktur entfalten.

Raumbezogene Konflikte sind nach Anthony Giddens „grundsätzlich gesehen nichts anderes (...) als eine Variante menschlicher Interaktion bzw. gesellschaftlichen Handelns".[5] Demnach erscheint die Urbanisierung der Wüste als eine Vielzahl von Handlungen, die Widerstand anderer Beteiligter hervorrufen. Für diese Perspektive auf räumliche Planungsprozesse sind drei theoretische Einflüsse wesentlich: Die konstruktivistischen Theorien zur Raumwahrnehmung, die Strukturationstheorie Giddens und die Rational Choice-Theorie.

Der Konstruktivismus geht – aufbauend auf den Arbeiten von Ferdinand de Saussure und Jacques Derrida – davon aus, dass die Grundlage des Handelns von Akteuren eine subjektiv konstruierte Realität ist. Er verneint eine objektive Welt und eine bestmögliche Perspektive auf sie; stattdessen nimmt jedes Individuum eine eigene Welt wahr, die real ist und gleichberechtigt neben den Welten anderer Individuen steht. Die Annahme der sozialen Konstruktionen führt,

---

4 Reuber 1999, S. 12.
5 Reuber 2012, S. 117.

https://doi.org/10.1515/9783110669404-002

wenn man sie konsequent weiterdenkt, zur Auflösung selbst als naturgesetzliche Tatsachen empfundener Dimensionen wie Zeit und Raum.[6] Der Raum existiert nicht mehr als allgemeingültige Tatsache, sondern wird von Menschen konstruiert und definiert. Jegliche Annahme einer Realität beruht auf subjektiven Eindrücken und Selektionen. Dem Forscher fällt somit nicht mehr die Aufgabe zu, die eine objektive Realität zu beleuchten. Vielmehr liegt das Erkenntnisziel der konstruktivistischen Geographie in einer Analyse der Wirklichkeiten raumgestaltender Akteure, die sich in beständigem Wandel und Austausch befinden.

Die Strukturationstheorie nach Giddens erklärt das Handeln der Akteure in diesen subjektiven Realitäten und bildet damit die Grundlage für die geographische Konfliktforschung. Zentraler Bestandteil der Theorie ist die Neuerfindung des Handlungsbegriffs: Demnach sind weniger die Absichten der Subjekte von Bedeutung, als deren tatsächliche Möglichkeiten, die Welt zu verändern.[7] Voraussetzung wie Resultat dieser Handlungen sind soziale Strukturen, wobei die von den Subjekten produzierte soziale Wirklichkeit durch diese Strukturen bedingt ist. Das Zusammenwirken der Akteure innerhalb der Strukturen lässt sich durch ein dynamisches Machtgefüge erklären, das die Akteure motiviert, ihre Wahrnehmung prägt und sie mit unterschiedlichen Zugängen zu Ressourcen ausstattet. Giddens Begriff der „Macht" ist durch drei wesentliche Eigenschaften gekennzeichnet: Er ist moralisch neutral – also nicht grundsätzlich böse –, nicht spezifischen Beteiligten zuzuordnen und allgegenwärtig.[8] Die Macht der Akteure beruht nach Giddens auf ihren Ressourcen und sozialen Regeln. Ressourcen sind zweifach zu verstehen: einerseits als Kontrolle über Güter, Objekte, andererseits als Kontrolle über Personen.[9] Regeln sind dagegen auf der strukturellen Ebene angesiedelt. Sie erscheinen entweder als kodifizierte Gesetze oder wirken als unbewusste, sozial hergestellte Normen. Die Handlungspraktiken der Akteure generieren diese Regeln und setzen sie durch.

Geht man nun von der Annahme aus, dass Akteure in einer subjektiven Realität handeln und ihr machtbetontes Handeln im Raum auf Regeln und Ressourcen aufbaut, bleibt noch die Entscheidung für eine Handlung zu klären, d.h. die bewusst oder unbewusst hergestellte Motivation zur Handlung auf Basis eines Wahlprozesses. In der verhaltenswissenschaftlichen Sozialgeographie wurden Akteure hierfür schon früh als rational handelnde, eigennutzenorien-

---

6 Vgl. Wagner 1990, S. 20; Wolkersdorfer 2001, S. 33 ff.
7 Vgl. Kießling 1988, S. 289.
8 Vgl. Giddens 1997, S. 66, 229.
9 Vgl. Giddens 1997, S. 86; Reuber 2012, S. 124.

tierte Beteiligte verstanden. Zentraler Ausgangspunkt ist die „Annahme, dass in allen (...) Lebens- und Gesellschaftsbereichen von einzelnen Individuen Wahlhandlungen vorgenommen werden."[10] Die Akteure versuchen, individuell den größten Nutzen mit den geringstmöglichen Kosten zu erreichen. Die modernen Rational Choice-Ansätze nehmen an, dass dieser Nutzen nur subjektiv rational sein kann und sich nicht unbedingt objektiv erschließen lässt. Außerdem handeln die Akteure nicht „unter selbstgewählten, sondern unter vorgefundenen, das heißt vorstrukturierten Umständen" und sind somit in ihrer Wahlfreiheit stark eingeschränkt.[11]

Die Grundgedanken der bisher behandelten Konzepte lassen sich folgendermaßen zusammenfassen: Die Akteure führen mit Rücksicht auf Umwelteinflüsse raumbezogene Handlungen aus. Den Entschluss für eine Handlung fassen sie nach Abwägung verschiedener Wahloptionen. Die Handlungen üben sowohl Einfluss auf die strukturierenden Regeln als auch auf die Machtbalance mit anderen Akteuren aus. Durch jede Handlung verändert sich das Maß an verfügbaren Ressourcen für jeden Akteur. Die Rauminterpretationen, die sich Akteure in einem raumbildenden, konflikthaften Prozess zu eigen machen, führt Reuber im Ansatz der strategischen Raumkonstruktion weiter. Die subjektiven Wahrheiten der Akteure werden demzufolge durch drei Phasen im Handlungsverlauf konstruiert (vgl. Abb. 2). Zunächst wirken soziale Strukturen auf die Akteure ein, sodass sie ihre Umwelt auf eine ihrer sozialen Stellung und Gruppe angepasste Weise wahrnehmen.

Darauf aufbauend entwickeln die Akteure in einer zweiten Phase eigene Zielvorstellungen. Sie stellen das Optimum dessen dar, was der Akteur am Ende des Prozesses erreichen möchte. Auf diese Ziele richtet der Akteur seine Handlungsstrategie im Konfliktverlauf aus. Die Endphase der Subjektivierung stellt die strategische Konstruktion einer subjektiven räumlichen Realität dar. Die geographischen Gegebenheiten, ihre Rahmenbedingungen und die darin ablaufenden Handlungen werden interpretiert und nach außen so dargestellt, dass die eigenen Ziele objektiv für alle Beteiligten als die beste Entscheidung erscheinen. Die Handlungen der Akteure dienen auf dieser Grundlage dazu, die eigenen Ziele durchzusetzen, die eigene Rolle im Planungsprozess zu verteidigen und neue Ressourcen zu erwerben.[12]

---

10 Kirsch [5]2004, S. 3.
11 Vgl. Reuber 2012, S. 122.
12 Vgl. Reuber 2012, S. 126 ff.

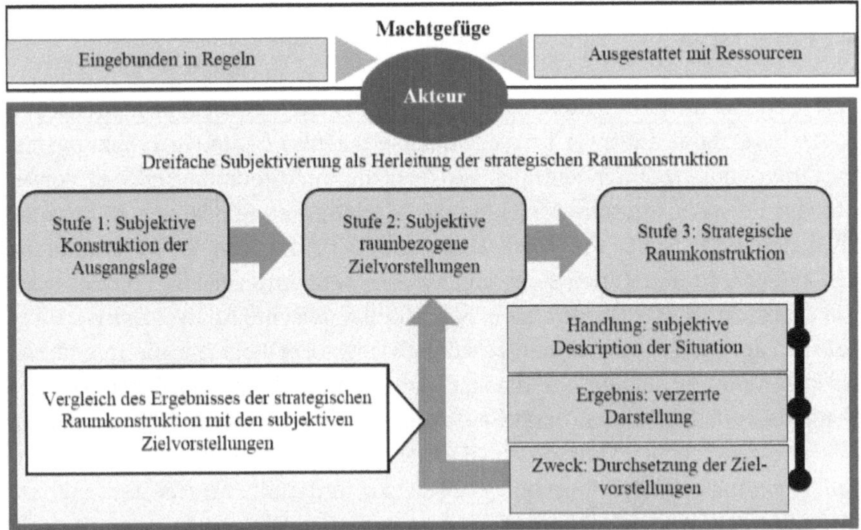

Abbildung 2: Wahrnehmungs- und Argumentationsprozesse nach Reuber

Die strategische Raumkonstruktion darf nicht als starrer, normativer Ansatz aufgefasst werden. Alle Stufen der dreifachen Subjektivierung sind dynamisch und stellen sich überlappende Gebilde dar, die sich in intersubjektiver Wechselbeziehung mit anderen Raumkonstruktionen beständig verändern. Diese Beweglichkeit kennzeichnet das sich stets erneuernde Raum-Zeit-Handlungsgebilde, in dem Akteure versuchen, auf Grundlage ihrer Möglichkeiten ihre Machtposition zu behaupten.[13]

---

13 Vgl. Reuber 1999, S. 35; Reuber 2012, S. 128.

3 Methodik

Eine Untersuchung individueller Realitäten aus dem handlungstheoretischen Blickwinkel stößt auf zwei Hürden. Einerseits sind qualitative Erhebungsmethoden vonnöten, deren zentrales Merkmal die Interpretation und das Verstehen der Perspektiven von Subjekten ist. Als Interpret subjektiver Wahrheiten muss sich der Forscher aber bewusst machen, dass nicht nur die Wahrnehmung der Akteure, sondern auch seine eigene Wahrnehmung selektiv gefiltert wird. Um angesichts dieser Hürde eine möglichst unverfälschte Analyse der Wirklichkeitskonstruktionen vornehmen zu können, muss der Forscher die Interaktion mit den Akteuren suchen und die sich verändernden Rahmenbedingungen des Konflikts berücksichtigen. Darauf aufbauend stellt eine zweite Hürde das „Primat der Anwesenheit" als Merkmal einer Tiefenanalyse dar.[14] Eine Vor-Ort-Untersuchung ist in der Regel langwieriger und fordernder als eine Fernanalyse, für eine qualitative Erhebung aber oft unerlässlich. Gerade in Ägypten stößt eine Feldforschung aufgrund der Verfolgung politischer Gegner, der Einschüchterung Andersdenkender in NGOs und Universitäten sowie der Kontrolle der Medien auf große Hürden.[15] Allerdings ermöglicht nur eine Forschung vor Ort in engem Austausch mit den Akteuren den Zugang zum intransparenten und komplexen Entwicklungsprozess der Neuen Verwaltungshauptstadt. Der Mangel an Freiheiten ist somit beides zugleich: Hindernis und Antrieb für die Forschung vor Ort.

Für eine systematisch geplante und dokumentierbare Erhebung bietet sich die „teilnehmende Beobachtung" an, die Bronisław Malinowski als eine längerfristige Erkundung einer Gesellschaft unter allen erfahrbaren Aspekten durch eine Einzelperson konzipierte, die „sich in ihrem Lebensraum aufhält, ihre Sprache benützt und in laufender Kommunikation mit ihr steht."[16] Dem Autor schien hierfür eine Aufenthaltsdauer von mindestens einem Jahr und das Erlernen ausreichender Sprachkenntnisse für sinnvoll.[17] Die Feldforschung des Autors zielte angesichts der Datenlage primär auf den Zugang zu schwer verfügba-

---

14 Vgl. Strübing 2013, S. 53.

15 Insbesondere der Foltertod des italienischen Doktoranden Giulio Regini Anfang 2016 zeigte auch ausländischen Wissenschaftlern drastisch auf, dass eine freie Forschung nur noch schwer möglich ist. Zu den politischen Rahmenbedingungen vgl. Freedom House 2017; Heinrich Böll Stiftung 2017, S. 3 f.; Kandil 2016; Madā Maṣr 2017; zu den Forschungsbedingungen nach dem Tod Reginis vgl. Nassif 2017.

16 Stagl 2002, S. 270. Vgl. auch Malinowski 1979, S. 25 ff.

17 Vgl. Hann 2007, S. 129.

https://doi.org/10.1515/9783110669404-003

ren Informationen über den Planungsprozess sowie über die Motive der maßgeblichen Akteure der Urbanisierung ab.[18] Im Rahmen der Feldforschung wurden insgesamt 38 Interviews und Gespräche mit Experten geführt. Ziel war es, ergänzende Informationen durch Rückfragen und Wissensabgleich einzuholen. Hierzu wandte der Autor das problemzentrierte Interview von Andreas Witzel an. Bei dieser offenen, halbstrukturierten Form der Befragung soll der Interviewer anhand seiner Vorkenntnisse über die Rahmenbedingungen versuchen, „die Explikationen der Interviewten verstehend nachzuvollziehen und am Problem orientierte Fragen bzw. Nachfragen zu stellen."[19] Für jedes Gespräch wurde ein Leitfaden mit zentralen Verständnisfragen entworfen, die im Laufe des Gesprächs bearbeitet wurden. Zusätzlich wurden informelle Gespräche mit beteiligten Planerinnen und Planern der Neuen Verwaltungshauptstadt und anderen Projektbeteiligten geführt.

Wie David Sims anmerkt, ist die Zahl verfügbarer Quellen, vor allem der Primärquellen, zur Wüstenurbanisierung in Ägypten verhältnismäßig gering: „As far as we know, there is nothing in either the Arabic or foreign-language literature that takes a comprehensive look at Egypt's desert development efforts, critical or otherwise."[20] Selbst überblicksartige Untersuchungen fehlen: „Except for a few academic theses and conference proceedings on specific aspects of living in the new settlements, no comprehensive assessment (...) has ever been published."[21] Die Ursachen hierfür liegen, neben der erwähnten Unterdrückung der Meinungsfreiheit und der Behinderung der Forschung, in der Zurückhaltung der verantwortlichen Ministerien, Studien überhaupt in Auftrag zu geben. Die erste Untersuchung zur Entwicklung der Wüstenurbanisierung im Allgemeinen erschien nicht vor 1989, und eine Studie zur Wohnsituation der ägyptischen Bevölkerung ließ bis 2008 auf sich warten.[22] Während Fallstudien über die Stadtentwicklung im westlichen Kairoer Großraum existieren,[23] liegt Entsprechendes für den östlichen Teil nicht vor. Die Datenerfassung wird weiter erschwert durch die mangelhaften statistischen Erhebungsmethoden, die uneinheitliche Datenerfassung und die Differenzen in den Angaben von Regie-

---

18 Erstmalig kam der Autor mit der Wüstenurbanisierung in Ägypten im Frühjahr 2013 auf einer Studienexkursion in Kontakt. Die Kenntnisse vertiefte er in zwei Studienjahren in Kairo und war schließlich 14 Monate unter anderem als Planungsanalyst an Stadtentwicklungsprojekten in der Arabischen Wüste beteiligt.

19 Witzel 2000.

20 Sims 2014, S. 5.

21 Wahdan 2013, S. 60.

22 Vgl. Sims et al. 2008. Studie von 1989 erwähnt in Stewart 1996, S. 468.

23 Vgl. Wahdan 2013, S. 71-101; World Bank 2008, S. 63-78.

rungsstellen.[24] Eine weitere Schwierigkeit ist die Abschottung der staatlichen Institutionen: „Any information on public land status, its boundaries, and its control is virtually inaccessible to the common citizen."[25] Besonders schwer sind Informationen über den Militärapparat zu erhalten, der sich nicht nur in militärstrategisch relevanten Bereichen abschottet. So wird auch die Preisgabe von Informationen über die wirtschaftlichen Tätigkeiten des Militärs als Hochverrat geahndet.[26]

Bei allen Widrigkeiten haben sich doch verschiedene Autoren mit der Urbanisierung im Kairoer Großraum insgesamt beschäftigt. Allerdings liegen mit Dalia Wahdan und David Sims erst seit kurzem Buchveröffentlichungen zur Stadtstruktur und den Leitlinien der Planung vor.[27] Insbesondere in seinem zweiten Buch beschreibt Sims umfassend die konzeptionelle Logik der Wüstenurbanisierung. Seine stark quantitativ-deskriptiv orientierten Arbeiten genügen jedoch nicht einem handlungstheoretisch fundierten Erklärungsansatz, zumal die Entwicklung der Neuen Verwaltungshauptstadt erst nach 2014 begann. Für die nähere Beschreibung der Akteure wurden daher auch journalistische Online- und Printmedien herangezogen.[28] Besonders zu erwähnen sind ferner die Berichte der Weltbank, die 2005 bis 2012 die Strukturen der ägyptischen Staatsorgane untersuchte.

Aufgrund der schwierigen Quellenlage kann die folgende Erörterung Fehler enthalten. Viele Informationen basieren auf Gerüchten, ungenauen Aussagen und Plänen sowie dem Zusammenfügen unabhängig voneinander stehender Ereignisse zu einem Gesamtbild. Ziel des Autors ist es, das Puzzle möglichst behutsam zusammenzusetzen und auffällige Ungenauigkeiten hervorzuheben.

---

24 Vgl. Sims 2014, S. 166, 281; Wahdan 2013, S. 6, 10.

25 Sims 2014, S. 266.

26 Vgl. Abul-Magd 2011; Marshall 2015, S. 3.

27 Vgl. Sims 2012, Sims 2014, Wahdan 2013. Frühe Untersuchungen der Urbanisierung nahmen eine vornehmlich wirtschaftsorientierte Perspektive ein (z. B. Meyer 1988; Wurzel 1996; Stewart 1996). Seit den 2000er Jahren wird die Urbanisierung vor allem im Kontext politischsozialer Themenfelder diskutiert (z. B. Fahmy 2004; Singerman 2006 und 2009; Dorman 2013).

28 Hilfreich waren hiervon vor allem die relativ frei formulierende, da englischsprachige Zeitung Daily News Egypt, die kritische Onlinezeitung Madā Maṣr, sowie gut vernetzte arabischsprachige Zeitungen wie Bawābat aš-Šurūq und al-Būrṣa.

4 Der Kairoer Großraum und das Untersuchungsgebiet

Kairo, die Hauptstadt Ägyptens, liegt an der Schnittstelle zwischen dem Delta im Norden und dem schmalen Flusslauf Unterägyptens. Die Stadt ist logistische Drehscheibe sowie wirtschaftlicher und politischer Mittelpunkt des Landes. Sie gewinnt nicht zuletzt an Bedeutung als Agglomeration aus drei Gouvernements, nämlich Teilen des am östlichen Nilufer gelegenen Bezirks Kairo, des Bezirks Giza westlich des Nils und des Bezirks Qalyūbīya im Norden (vgl. Abb. 3). Auch wenn die Grenzen des Ballungsraums nicht einheitlich gefasst sind,[29] bleibt festzuhalten, dass die Entwicklung der Neuen Verwaltungshauptstadt in der Arabischen Wüste östlich von Kairo als Teilaspekt der Entwicklung des gesamten Großraums zu verstehen ist.

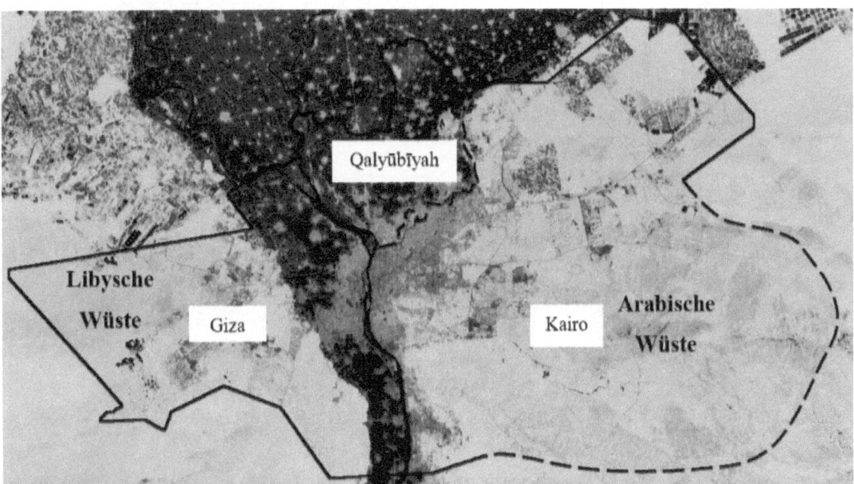

Abbildung 3: Die drei Gouvernements des Kairoer Großraums

4.1 Wüstenurbanisierung im Osten Kairos

Erste Ansätze einer großdimensionierten staatlichen Urbanisierung im Raum Kairo zeichneten sich unter dem zweiten ägyptischen Präsidenten Ǧamāl ʿAbd an-Nāṣir ab, der als Offizier an der Absetzung des letzten Königs beteiligt war

---

29 Vgl. GOPP und UN-Habitat 2012, S. 21; Wahdan 2013, S. 29.

https://doi.org/10.1515/9783110669404-004

und 1954 interne Machtkämpfe für sich entscheiden konnte.[30] Während seiner Amtszeit wurde das anhaltend hohe Bevölkerungswachstum erstmals als der zentrale Faktor der Stadtentwicklung wahrgenommen. Ging man 1956 noch davon aus, dass der Großraum Kairo im Jahr 2000 5,5 Millionen Menschen fassen werde, wurde diese Zahl bereits neun Jahre später erreicht. Der Bevölkerungsdruck ging aus dem Niltal langsam in die angrenzenden Wüstenflächen über und führte zur Entstehung informeller Siedlungen. Obwohl als Gegenmaßnahmen Satellitenstädte in der Wüste geplant waren, wurden diese vor allem aus Angst vor dem Kontrollverlust über die dortige Bevölkerung nicht verwirklicht.[31]

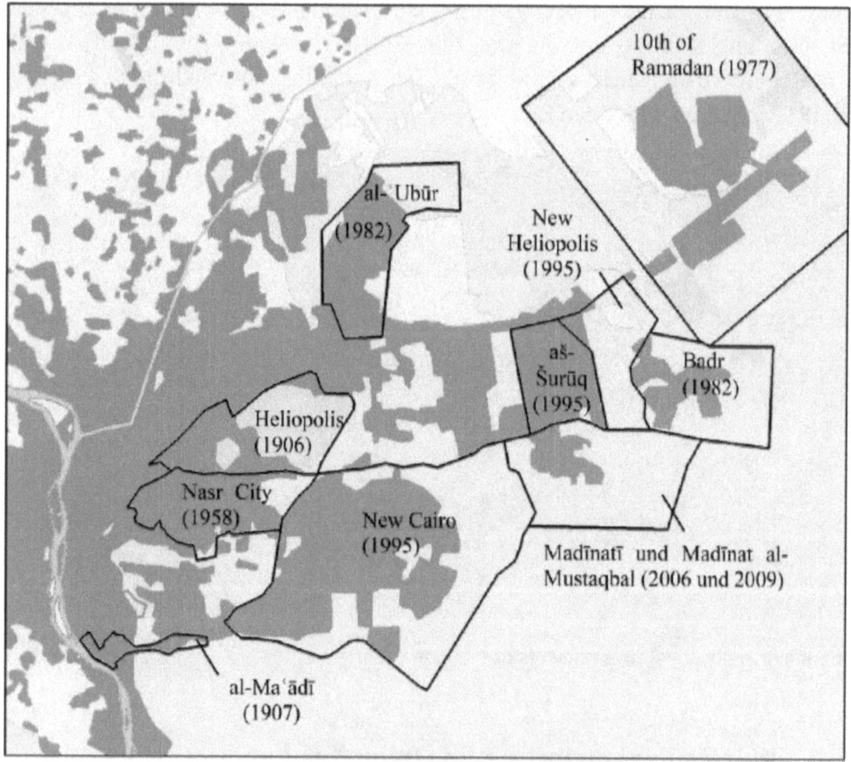

Abbildung 4: Stadtentwicklungen in der Arabischen Wüste bis 2014

---

30 Private Initiativen finden sich seit Beginn des 20. Jahrhunderts. Zu den ersten Stadtentwicklungen zählt Heliopolis, das ab 1906 durch den belgischen Baron Edouard Empain in der Wüste im Osten enstand (Dobrowolska und Dobrowolski 2006, S. 45).
31 Vgl. Dorman 2013, S. 1589; Raymond 2001, S. 350.

Als an-Nāṣir im September 1970 verstarb, trat wenige Monate später sein Vizepräsident Muḥammad Anwar as-Sādāt die Nachfolge an. Der Fall des Ölpreises im Zuge des arabisch-israelischen Krieges von 1973, die hohe Inflation, der Mangel an finanzieller Unterstützung aus der Sowjetunion und die hohe Verschuldung erzwangen eine ideologische Kehrtwende. Der neue Präsident sprach sich dafür aus, die Märkte zu öffnen und Auslandsinvestitionen anzuziehen.[32] In seinen Oktoberpapieren skizzierte as-Sādāt ein landesweites Bauprogramm, das die Errichtung „Neuer Städte" als autarke Wirtschaftszentren vorsah. 1977 wurde „10th of Ramadan" 50 km vom Stadtkern entfernt in der nordöstlichen Arabischen Wüste als erste Neue Stadt gegründet (vgl. Abb. 1). Trotz der enormen Entfernung und zahlreicher logistischer Probleme konnte sie Bevölkerung und Unternehmen anziehen.[33]

Nachdem as-Sādāt im Oktober 1981 ermordet worden war, übernahm Muḥammad Ḥusnī Mubārak das Präsidentenamt. Er sollte für drei Jahrzehnte die Geschicke des Landes bestimmen. Noch unter as-Sādāt war ein neuer, wegweisender Entwicklungsplan in Auftrag gegeben worden, der drei Hauptziele verfolgte und unter Mubārak weiterverfolgt wurde: Ackerland vor Bebauung schützen, indem man Wüstenflächen urbanisiert; die Luftverschmutzung in der Innenstadt verringern; den Großraum dekonzentrieren. Zu diesem Zweck zielte man nicht mehr auf den Bau entfernter Neuer Städte ab, sondern auf die Entwicklung von direkt an die Agglomeration angrenzenden Wüstenflächen. Unweit des Ballungsraums waren deshalb fünf sogenannte Neue Siedlungen (New Settlements) vorgesehen, die gleich einem Archipel Inseln in der Wüste mit eigenen Parkanlagen und Versorgungseinrichtungen bilden sollten.[34] Aufgrund wirtschaftlicher Probleme geriet die Stadtentwicklung in den 1980 Jahren jedoch ins Stocken. Von den fünf geplanten Neuen Siedlungen wurden nur drei verwirklicht, die entgegen den ursprünglichen Planungen zu einem Konglomerat mit dem Namen New Cairo verschmolzen.[35] Der Staat antwortete auf die finanzielle Schieflage mit einem rigorosen Sparkurs und der Privatisierung zahlreicher Firmen, was den Aufstieg der privaten Immobilienentwicklung förderte.[36] So werden insbesondere New Cairo seit den 1990er Jahren und die angrenzenden Wüstenflächen seit den 2000er Jahren von privaten Immobilien-

---

32 Vgl. Farah 2009, S. 20, 37 ff.; Wahdan 2013, S. 39.

33 Zu as-Sādāts Urbanisierungsprogramm vgl. Feiler 1992, S. 302; Wahdan 2013, S. 36; zur Entwicklung von 10th of Ramadan Meyer 1988, S. 186; World Bank 2012, S. 42 ff.

34 Vgl. el-Shafie 2002, S. 699 f.; Stewart 1996, S. 464; Wahdan 2013, S. 44 f.

35 Vgl. Sims 2014, S. 143.

36 Vgl. Momami 2005, S. 65 f.

entwicklern mit Wohnblöcken, Apartmenthäusern und Gated Communities für eine gehobene Klientel gefüllt. Dies geschieht oft in starker Abweichung von den städtebaulichen Rahmenplänen staatlicher Institutionen.[37]

Ab 2004 wurde die Privatisierung der Stadtentwicklung durch Gamāl Mubārak, den Sohn des Präsidenten, weiter vorangetrieben, um seine politischen Verbündeten im Privatsektor zu stärken. Sein Vorhaben wurde unterstützt von einflussreichen US-amerikanischen Entwicklungsorganisationen, die davon ausgingen, dass die Privatisierung der Schlüssel zu einer erfolgreichen Urbanisierungspolitik sei.[38] Auf die Initiative Gamāl Mubāraks hin wurde im Jahr 2004 ein neues Kabinett gebildet mit dem zentralen Auftrag, ein geschäftsfreundliches Umfeld zu schaffen und die eingeleitete Strukturanpassungspolitik zu beschleunigen. Zahlreiche Geschäftsleute erlangten Ministerposten; eine Reformgesetzgebung verschaffte Unternehmen nennenswerte Vergünstigungen. Zur Stimulierung des Immobilienmarktes schien dennoch die Entwicklung einer neuen Raumpolitik nötig, zumal der Zensus von 2006 zeigte, dass die Erwartungen an die urbanisierten Wüstengebiete nicht erfüllt wurden. Der offizielle Stadtentwicklungsplan von 1997 hatte neun Millionen Einwohner in den Wüstenstädten im Jahr 2020 prognostiziert. Der Zensus von 2006 ergab jedoch, dass von den 16,3 Millionen Menschen in der Agglomeration nur 600.000 in den Wüstenstädten lebten. Es fiel den Entscheidungsträgern schwer, den enormen Ressourcenverbrauch für die Stadtentwicklungen zu rechtfertigen, wenn sie nur 3,7 Prozent der Bevölkerung beherbergten.[39]

Ende Juni 2007 stellte Gamāl Mubārak die Vision Cairo 2050 auf einer gleichnamigen Konferenz vor. Sie sollte die Urbanisierung der Wüste als Strategie legitimieren und der Privatisierung der Stadtentwicklung Rechnung tragen. Der Plan sah zum einen vor, die Entwicklung der Wüste noch stärker durch private Investoren voranzutreiben, die durch staatliche Institutionen lediglich unterstützt würden. Zum anderen wurden zusätzlich Maßnahmen in der Innenstadt vorgeschlagen. Unter dem Leitwort der „urban renovation" sollte der Kairoer Großraum durch die Entwicklung eines „Business Districts" und das Anlegen von Grünflächen bzw. der Errichtungen von Unterhaltungseinrichtungen im Stadtkern zu einem weltweit angesehenen Wirtschafts- und Kulturstandort anwachsen.[40] Kurz nachdem der Plan im August 2010 durch den Premierminister gebilligt worden war, erfuhr er scharfe Kritik im In- und Ausland,

---

37 Vgl. World Bank 2006a, S. 61.
38 Vgl. King et al. 2004, S. 1 f.
39 Vgl. GOPP 2014, S. 26 f.; Sims 2012, S. 83.
40 Vgl. GOPP 2010, S. 41; Radl 2015, S. 38; Stadnicki 2016, S. 232.

die auf drei Problemfeldern gründete: dem starken Fokus auf Investoreninteressen, dem Mangel an transparenter und partizipativer Planung sowie der Aussicht, dass Cairo 2050 nur durch die Umsiedelung ganzer Nachbarschaften nahe des Nilufers zu verwirklichen wäre.[41]

Noch am 24. Januar 2011 verteidigte der damalige Minister für Wohnungsbau und jetzige (2019) Premierminister, Muṣṭafā Madbūlī, Cairo 2050 als alternativlosen Weg, um der Metropolregion internationale Bedeutung zu verleihen.[42] Einen Tag später brach die Revolution aus, die am 11. Februar zum Sturz Präsident Mubāraks führte. In der Folgezeit kam jegliche städtische Planung zum Erliegen und Cairo 2050 schien „completely irrelevant."[43] Die angestrebten raumverändernden Maßnahmen wurden jedoch nicht fallengelassen. Stattdessen wurden nur geringfügige Änderungen vor allem in der Wortwahl vorgenommen, durch die sich der Plan politisch leichter vermitteln ließ. Wie sich zeigen sollte, fanden die Unterstützer von Cairo 2050 ab Juni 2012 in der ersten demokratisch gewählten Regierung Ägyptens Gehör. Obwohl die islamistische Partei des neuen Präsidenten Muḥammad Mursī traditionell in starker Opposition zum gestürzten Regime stand, wurde Cairo 2050 als Cairo 2052 mit kleinen Korrekturen neu aufgelegt.[44]

Nach dem Sturz Mursīs am 3. Juli 2013 trat am 8. Juni 2014 der ehemalige Feldmarschall ʿAbd al-Fattāḥ as-Sīsī das Amt des Präsidenten an. Bereits zwei Monate zuvor, im April 2014, war die Strategie der urbanen Entwicklung für Großkairo mit dem Ziel bekanntgegeben worden, die Probleme von Cairo 2050 bzw. Cairo 2052 zu beheben. Mit der weiteren Einschränkung der Meinungs- und Pressefreiheit ist es für die Öffentlichkeit nicht mehr möglich, genaue Informationen über die neue Strategie zu erhalten.[45] Die wenigen Einsichten in die Pläne lassen darauf schließen, dass es sich um eine bloße Fortsetzung mit Rücksicht auf die leicht veränderten Rahmenbedingungen handelt. Weiterhin stehen also erstens die Urbanisierung der Wüste und zweitens der Umbau der Innenstadt im Fokus der Planer. Diese beiden Punkte fanden auch im Abschlussbericht einer nationalen Reformstrategie namens Egypt 2030 Erwähnung, die im Februar 2016 veröffentlicht wurde. Die Neue Verwaltungshaupt-

---

41 Vgl. Tadamun 2014.

42 Vgl. ad-Dīn 2011.

43 Sims 2012, S. 279.

44 Vgl. Deknatel 2012; Reeve 2011.

45 Vgl. al-Ḥāfiz 2014; Tadamun 2014. Zusätzlich erschwert werden Untersuchungen durch mindestens sechs verschiedene Namen, die für die Strategie im Umlauf sind. Verwirrung stiftet außerdem, dass das Konzept bereits 2012 als Alternativentwurf zu Cairo 2050 auftauchte (GOPP 2012).

stadt ist gemäß dieser Strategie als einziges Urbanisierungsprojekt im Großraum Kairo vorgesehen.[46] Zusätzlich werden isolierte Projekte an verschiedenen Orten entwickelt. Gegenüber einer übergeordneten Vision hat dies den Vorteil, dass Erfolge an Einzelprojekten leichter zu messen sind und das hintergründige Ziel der Regierung nicht transparent wird.

Anhand der vorgestellten Entwicklungen lässt sich zusammenfassend festhalten, dass die Urbanisierung der Wüste vier wesentliche Merkmale umfasst:

1. Die Erschließungsrichtung verläuft tendenziell von der Innenstadt im Westen in die Arabische Wüste im Osten bzw. Nordosten.
2. Die Förderung der Wirtschaft bildet ein wichtiges Argument für die Urbanisierung, sei es durch den Bau von Industriestädten oder durch die Stärkung des Immobilienmarktes.
3. Mit dem rapiden Bevölkerungswachstum hat sich ein Bedrohungsnarrativ entwickelt, das Entscheidungsträger dazu drängt, die hohe Wohndichte durch die Entwicklung der Wüste zu verringern. Diese Strategie wird ungeachtet der geringen Einwohnerzahlen in den Wüstenstädten verfolgt.
4. Die Wüstenurbanisierung weist über alle politischen Wirren hinweg eine hohe Kontinuität auf und gilt weiterhin als erfolgversprechendes Planungsdogma. Der expansive Charakter der Stadtplanung wird durch den neuen Ansatz, die Innenstadt in die Planung einzubeziehen, lediglich ergänzt, aber nicht ersetzt.

4.2 Frühere Pläne für den Umzug der Regierung

Neben der Wüstenurbanisierung als Komponente der Stadtplanung ist die Gründung einer neuen Regierungsstadt als zweiter Entwicklungsstrang zu nennen. As-Sīsīs Hauptstadtprojekt ist nach dem aktuellen Planungsstand der bisher erfolgreichste Versuch seit Gründung der Republik im Jahr 1952, die Verlagerung der Regierung umzusetzen. An-Nāṣir war der erste ägyptische Herrscher der Neuzeit, der ein neues Verwaltungs- und Machtzentrum mit dem Namen Nasr City (Madīnat Naṣr) inmitten der Arabischen Wüste plante (vgl. Abb. 4). Die modernistisch angelegte Planstadt stellte dabei nur die erste Phase einer auf 1200 Quadratkilometern angelegten Flächenentwicklung dar und sollte die Legitimität der Militärregierung unterstreichen. Der Standort etwa zehn Kilometer östlich der Innenstadt wurde von an-Nāṣir nicht zuletzt gewählt, weil sich in

---

46 Vgl. MPMAR 2016, S. 51-63.

der Nähe Lager ihm loyal ergebener Militärangehöriger befanden. Schon wenige Monate nach Baubeginn 1958 zogen erste Ministerien und untergeordnete Behörden in die Planstadt. Mit dem Sechstagekrieg von 1967 und der darauffolgenden Wirtschaftskrise schlugen die ehrgeizigen Pläne jedoch fehl. Nasr City wurde erst ab den späten 1970er Jahren als Areal für Wohnimmobilien ohne Zentrum und eigentliche Stadtplanung entwickelt.[47]

Auch as-Sādāt versuchte sich kurz nach der Stadtgründung von 10th of Ramadan an einem neuen Regierungszentrum in der Wüste 70 km nordwestlich der Kairoer Agglomeration. Der Zeitpunkt schien günstig: Ein Jahr zuvor hatten lokale Aufstände in Kairo die Regierung fast zu Fall gebracht. Der Präsident machte die Kommunisten für die Unruhen verantwortlich, was zur Beteiligung US-amerikanischer Institutionen an der Planung der Stadt führte. 20.000 staatliche Arbeitsplätze sollten bis ins Jahr 2000 in die neue Planhauptstadt Madīnat as-Sādāt ausgelagert werden. Insbesondere aufgrund der schlechten Erreichbarkeit der Stadt scheiterte der Plan. Während der Amtszeit Mubāraks wurde 1986 ein neuer Versuch gewagt, Ministerien nach Madīnat as-Sādāt zu verlegen. Angesichts langer Fahrtzeiten, hoher Fahrtkosten und einer schlecht ausgebauten Infrastruktur drohten die Mitarbeiter des Wohnungsbauministeriums, das die Planung beaufsichtigte, mit Streik, und der Umzug kam nie zustande.[48]

Nach diesem Fehlschlag sind für längere Zeit keine Ambitionen zur Gründung einer neuen Hauptstadt dokumentiert. Erst mit den Reformen der 2000er Jahre wurden neue Ideen skizziert. Im Juli 2008 schlugen Planer dem Premierminister einen Umzug auf eine gut erschlossene Fläche in Nachbarschaft zu Wohnvierteln der gehobenen Mittel- und Oberschicht im Osten Kairos vor. Wohl ab dem Frühjahr 2011 wurden Überlegungen angestellt, das Regierungsviertel noch weiter von der Agglomeration entfernt zu entwickeln, indem man es einige Kilometer nordöstlich von New Cairo verlegt – in die Richtung also, in die das Wachstum der Gated Communities und gehobenen Wohnungen wies. Als kurz darauf die politischen Unruhen begannen, wurden zunächst sämtliche Planungen für einen Umzug eingestellt.[49]

Aus den Versuchen von as-Sīsīs Vorgängern, die Regierung aus Kairo auszulagern, lassen sich zwei Schlussfolgerungen ziehen: Erstens bildeten Sicherheit und Kontrolle wesentliche Elemente bei der Planung der Vorhaben. An-Nāṣir wollte die Regierung in die Nähe der Kasernen verlegen, in denen er selbst Karriere gemacht hatte. As-Sādāt trieb die Angst vor neuen Unruhen. Mubāraks

---

47 Vgl. Dorman 2013, S. 1589; el-Shahed 2015; Sims 2012, S. 53.
48 Vgl. Feiler 1992, S. 304 f.; Stewart 1996, S. 469 ff.
49 Vgl. Sims 2012, S. 204; UNDP 2007, S. 18.

Regierungsbezirk sollte in der Nähe der unternehmerischen Mittel- und Oberschicht entstehen, die als Gewinner aus seiner Privatisierungspolitik hervorgin-
gen. Zweitens sind sämtliche bisherige Umzugsprojekte gescheitert, sei es aufgrund des Mangels an finanziellen Mitteln, des Widerstands von Ministeriums-
angestellten oder eines politischen Umsturzes.

Die in der Folge geplante Neue Verwaltungshauptstadt mag angesichts ihrer Dimensionen einzigartig sein, doch sie speist sich aus den vorangegangen
Entwicklungen und führt sie weiter. Das Großprojekt kann daher als vorläufiger
Endpunkt der beiden Entwicklungsstränge „Wüstenurbanisierung" und "Regie-
rungsumzug" gesehen werden, die nun in der Arabischen Wüste, 40 Kilometer
von der Kairoer Innenstadt entfernt, zusammenlaufen.

4.3 Die Neue Verwaltungshauptstadt

Nach der Bekanntgabe des Konzepts für die Neue Verwaltungshauptstadt auf
der Konferenz in Scharm el-Scheich wurde die Planung rasch konkretisiert. Die
Hauptstadt soll, so das Ziel seit spätestens Oktober 2015, in fünf Schritten auf
einer Gesamtfläche von 753 Quadratkilometern entstehen. Die derzeit entwickel-
te Planphase 1 umfasst 126 Quadratkilometer. Hiervon waren 44 Quadratkilometer für die Prioritätsphase 1A vorgesehen, die durch Planänderungen aber nahezu deckungsgleich mit Planphase 1 ist (vgl. Abb. 1 und 5). Die Fläche grenzt im
Westen an New Cairo. Im Nordwesten liegen in direkter Nachbarschaft zur
Hauptstadt die Immobilienprojekte Madīnat al-Mustaqbal und Madīnatī. Das
Großprojekt ist somit Teil einer zusammenhängenden Siedlungsfläche, die sich
bis in die Kairoer Innenstadt erstreckt. Auch administrativ ist die Neue Verwaltungshauptstadt an die Agglomeration angeschlossen. Sie soll keine eigene
Verwaltungseinheit bilden, sondern dem Gouvernement Kairo zugeordnet wer-
den.[50] Bestandteil der Planfläche 1 sind sechs Wohngebiete mit je 25.000
Wohneinheiten, Wadīān genannt, die sich zu beiden Seiten eines Landschafts-
parks am westlichen Ende der Stadt befinden sollen. Östlich der Wadīān werden
verschiedene Großprojekte entwickelt, darunter die nationale Konferenzhalle
und Geschäftsviertel. Die östliche Hälfte der ersten Planphase wird von einem
Regierungsviertel und dem Palastgelände dominiert. Die Pläne sind ständigen
Änderungen unterworfen. Einige Teilprojekte – wie das Bildungsviertel – wurden für kurze Zeit aus dem Projekt verbannt und dann an einem anderen Stand-

---

50 Vgl. Ḥasan 2017.

ort neu geplant; andere – wie eine großdimensionierte koptische Kathedrale – wurden neu aufgenommen.

Der bisherige Planungs- und Entwicklungsprozess lässt sich zeitlich grob in vier Abschnitte einteilen: Einen ersten Abschnitt bildeten Verhandlungen und Vorbereitungen vor der Veröffentlichung der Projektidee. Mit der Vorstellung

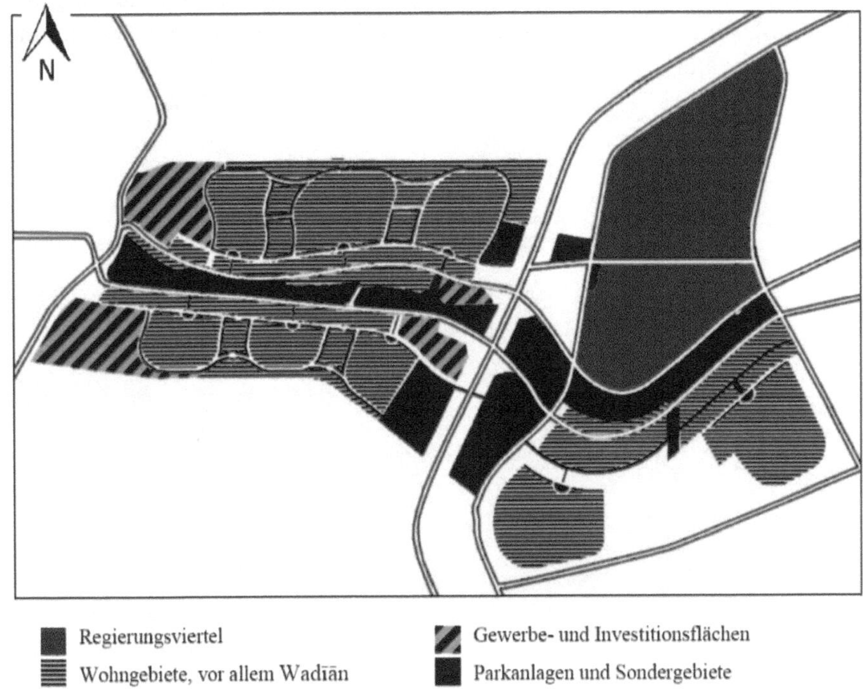

Abbildung 5: Planphase 1, Stand Oktober 2016

der Neuen Verwaltungshauptstadt in Scharm el-Scheich begann der zweite Abschnitt. Eine maßgebliche Rolle spielte zu diesem Zeitpunkt der emiratische Investor Muḥammad bin ʻAli al-ʻAbbār, der nach der Unterzeichnung einer Absichtserklärung mit der ägyptischen Regierung einen Großteil der Projektentwicklung übernehmen sollte. Nach seinem Ausscheiden im Juni 2015 folgte nach einer kurzen Interimphase der dritte Abschnitt ab September 2015, in dem das chinesische Bauunternehmen Chinese State Construction Engineering Corporation (CSCEC) in Erscheinung trat. Die Beteiligung des Unternehmens beschränkte sich auf das Regierungsviertel und die größeren Teilprojekte, während die westlich gelegenen Wohnsiedlungen von ägyptischen Unternehmern übernommen wurden. Mit dem Ausscheiden des chinesischen Unternehmens am 21. Januar 2017 begann der vierte Zeitabschnitt, in dem das Projekt mit wenigen Ausnahmen ausschließlich von ägyptischen Unternehmern entwickelt und durch ägyptische Institutionen finanziert wird. Seit etwa September/Oktober 2017 lässt sich von einer weiteren Phase sprechen, in der ausländische Investoren – vor allem aus den Vereinigten Arabischen Emiraten und China – wieder vermehrt in das Projekt involviert sind und gleichzeitig staatlich getragene Projekte erheblich verkleinert werden. Diese letzte Phase dauert an und soll nur am Rande behandelt werden.

5 Die Akteure

Eine klare Identifizierung der dominanten Akteure in Wüstenflächen in Ägypten ist in der Regel schwierig, da sich die Kompetenzen und Rechte zahlreicher Träger öffentlicher Belange überschneiden oder widersprechen.[51] Die Neue Verwaltungshauptstadt bildet einen Sonderfall, da ihre Entwicklung von machtvollen Autoritäten geleitet wird, die weitere Mitstreiter marginalisieren können. Lediglich vier Akteure sind maßgeblich am Entwicklungsprozess beteiligt: der Präsident, das Militär, das Wohnungsbauministerium sowie ägyptische Privatunternehmen. Sie unterscheiden sich erheblich in ihrer sektoralen Zugehörigkeit, ihrer hierarchischen Ordnung sowie der internen Abstimmung der Handlungen (vgl. Tabelle).

Tabelle: Betrachtete Akteure im Großprojekt

	Präsident	Militär	Wohnungsbau-ministerium	Private Unternehmer
Sektor	Öffentlich	Öffentlich	Öffentlich	Privat
Hierarchie	Autoritäre Entscheidungs-findung	Militärische Hierarchie	Ministeriale Hierarchie	Informelle Hierarchie
Interne Ab-stimmung der Handlungen	Machtvoller Entscheider mit Beraterstab	Hierarchische Arbeitsweise, relativ klare Zuständigkeiten	Hierarchische Arbeitsweise, relativ starke interne Konflikte	Kompetitives Umfeld

Mit Blick auf die weitläufigen Verquickungen eines solchen Großprojekts ist es empirisch kaum möglich, die Akteure eindeutig voneinander zu trennen. Neben widerstreitenden Interessen innerhalb der Akteursgruppen bestehen vielfältige Beziehungen zwischen ihnen, die eine klare Abgrenzung erschweren. Militärangehörige spielen eine wichtige Rolle in der Privatwirtschaft, der Präsident verfügt als ehemaliger General über gute Kontakte zum Militär und ist teilweise sogar dessen wichtigster Fürsprecher, private Geschäftsleute beeinflussen die Entscheidungen des Ministeriums usw. Dementsprechend stellt die Kategorisierung der Akteure in unterschiedliche Gruppen eine der Komplexität des Groß-

---

51 Vgl. Sims 2014, S. 266; World Bank 2012, S. IX.

https://doi.org/10.1515/9783110669404-005

projekts geschuldete Vereinfachung dar. Selbstverständlich bestehen auch innerhalb der verschiedenen Akteursgruppen widerstreitende Interessen und konfliktreiche Handlungen, die an dieser Stelle nicht ausführlich erörtert werden können.

Die Ressourcen und normativen Regeln jeder Akteursgruppe werden im Folgenden danach aufgeschlüsselt, wie sich ihre Machtpositionen im Laufe der Projektentwicklung verschieben. Außerdem werden die externe Argumentation gegenüber der Öffentlichkeit sowie die interne Argumentation gegenüber anderen betrachteten Akteuren aufgezeigt. Im Anschluss wird versucht, die eigennutzenorientierten Zielvorstellungen der Akteursgruppen anhand einiger Anhaltspunkte zu rekonstruieren, auch wenn diese nicht bis ins letzte Detail nachzuvollziehen sind. Aufgrund der sehr unterschiedlichen Informationsdichte und der unterschiedlichen Ausgangslagen ist es weder möglich noch sinnvoll, für jeden Akteur jeden der Teilaspekte in gleichem Umfang zu behandeln.

5.1 Der Präsident

Der Präsident Ägyptens gleicht seit Beginn der Republik 1953 einem autoritär regierenden Planherren, der Entscheidungen intuitiv und im Alleingang fällt.[52] Präsidentenerlasse verfügen über enorme Wirkkraft und werden von Planern als schwerwiegendste Form der Intervention angesehen, da sie dem Präsidenten einen ultimativen Eingriff in jeden Aspekt der Planung ermöglichen.[53] Weiterhin werden sämtliche zentralen Planungsentscheidungen der Urbanisierung traditionell erst in Rücksprache mit dem Präsidenten wirksam. Aufgrund des Fehlens einer parteipolitischen Basis ist as-Sīsī noch stärker als an-Nāṣir, as-Sādāt und Mubārak auf die Unterstützung der Streitkräfte angewiesen.[54] Er ist zwar oberster Entscheidungsträger des Großprojekts, verfügt jedoch weder über einen eigenen Verwaltungsapparat, der sich mit der Neuen Verwaltungshauptstadt befasst, noch über technische Kompetenzen in der Detailplanung. Zusätzlich ist er kein Eigentümer einer beplanten Fläche. In der Ausführung ist as-Sīsī

---

52 Von as-Sādāt ist überliefert, dass er den Standort einer Neuen Stadt durch ein Zeichen mit seinem Spazierstock aus dem Helikopter festlegte (Sims 2012, S. 305, Anm. 34). Auch von Mubārak und an-Nāṣir sind weitreichende Eingriffe in die räumliche Planung durch beiläufige schriftliche und mündliche Anmerkungen dokumentiert (Alexander 2005, S. 122; Deknatel 2012, Wahdan 2013, S. 58).
53 Vgl. Wahdan 2013, S. 58.
54 Vgl. Aziz 2016, S. 3 f.; Kandil 2016.

also auf die Kooperation der anderen Akteure angewiesen, und doch sind seine Handlungen von entscheidender Bedeutung für den Verlauf des Projekts.

5.1.1 Argumentationslinien des Präsidenten

Die externe Argumentation im Kontext der Neuen Verwaltungshauptstadt reicht zurück bis zur Kampagne für die Präsidentschaftswahl im Mai 2014. Als Wahlversprechen vermeldete as-Sīsī, 22 Industriestädte, acht internationale Flughäfen und 26 Touristenzentren errichten lassen zu wollen. In der Tradition eines entsprechenden Slogans as-Sādāts sollte eine „neue Karte" Ägyptens erstellt werden, die einen tiefgreifenden Wandel verhieß.[55] Nach seinem Amtsantritt setzte die neue Regierung daher auf Großprojekte, die über ganz Ägypten verteilt soziale und ökonomische Probleme beheben sollten. Insgesamt wurden 16 derartige Projekte in die nationale Strategie as-Sīsīs, Egypt 2030, aufgenommen. Laut der Ministerin für internationale Kooperation gelten als die wichtigsten Projekte des Programms der Ausbau des Suezkanals und die Neue Verwaltungshauptstadt.[56] Beide Projekte ergänzen einander: Während der Ausbau des Suezkanals als ein Geschenk Ägyptens an die Welt vermarktet wurde, ist die Neue Verwaltungshauptstadt als Komplementärprojekt das Geschenk des Präsidenten an das ägyptische Volk. Der Slogan des Hauptstadtprojekts, „Madīnat al-Ǧamī'a" („eine Stadt aller") wurde laut einer beteiligten Projektmanagerin von as-Sīsī selbst vorgeschlagen. In den wenigen Reden, in denen der Präsident ausführlich über seine Vision der Verwaltungshauptstadt spricht, werden vor allem zwei Gründe für den Bau genannt: Erstens diene das Projekt der Förderung der heimischen Wirtschaft, indem Arbeitsplätze für die Unter- und Mittelschicht geschaffen werden. So betonte der Präsident im Mai 2015, dass die Neue Verwaltungshauptstadt vor allem ein soziales Projekt sei:

> Es gibt viele Leute, die kritisch gefragt hatten, für wen wir diese Stadt überhaupt bauen. (...) In der Neuen Verwaltungshauptstadt gibt es zum Beispiel öffentliche Plätze, Geschäfte, Restaurants und Dienstleistungen für alle Menschen, die dort leben. Wer arbeitet in diesen Sektoren? Alle Menschen arbeiten darin! Alle Schichten! Ich will nur sagen, dass wir aufpassen müssen, dass wir nicht unnötig Verwirrung stiften. Und wir dürfen auch den Armen nicht das Gefühl vermitteln, dass wir nicht auf sie achten würden. (...) Der Rei-

---

55 Vgl. Nādī und Ramaḍān 2014.
56 Vgl. Samra 2017, S. 53.

che braucht nichts von uns; er kann sich durch seinen Reichtum selbst zufrieden stellen. (...) Wir zielen darauf ab (...) mit Hilfe der tüchtigen Arbeiter die Armen [zu entlasten].[57]

Zweitens werde durch die Neue Verwaltungshauptstadt die Wohndichte im Niltal verringert, was wiederum zu einer Verbesserung der Lebensqualität führe. Da die Bevölkerung laut Regierungsprognosen im Großraum Kairo bis 2050 auf 40 Millionen anwächst, sei also Eile bei der Bereitstellung von Wohnraum geboten.[58] Starke Medienresonanz erfuhr ein Gespräch, das as-Sīsī mit dem potentiellen Geldgeber und politischen Verbündeten Muḥammad bin Rāšid Āl Maktūm auf der Konferenz in Scharm el-Scheich führte: Der Premierminister der Vereinigten Arabischen Emirate und Herrscher von Dubai bot as-Sīsī den Abschluss der ersten Bauphase in nur zehn Jahren an. Der Präsident Ägyptens lehnte diesen Vorschlag ab: „Nein, ich möchte, dass die Hauptstadt gestern [also zügig; Anm.] gebaut wird!"[59] Als Begründung gab er an, dass dieses Projekt das überfüllte Kairo entlasten könne und die Menschen keine Zeit hätten, um so lange zu warten. As-Sīsī ging in der Folgezeit wiederholt auf die Szene ein und brachte sie als Beispiel dafür, dass er sich über die Dringlichkeit der Projektfertigstellung im Klaren sei.[60]

Die Konversation mit Maktūm erinnert wohl nicht zufällig an eine ähnliche Begebenheit im Zusammenhang mit der Verbreiterung des Suezkanals durch eine neue Fahrrinne: Im Jahr 2014 stellte der Präsident während einer öffentlichen Präsentation unerwartet die Frage, wie viel Zeit für die Fertigstellung des Projekts benötigt werde. Als der Verantwortliche antwortete, in nur 36 Monaten sei die Verbreiterung zu bewerkstelligen, hob der Präsident mahnend den Zeigefinger und warf ein: „Ein Jahr, mehr nicht."[61] Nachdem der Kanalausbau tatsächlich nach einem Jahr vollendet worden war, waren die Zeitverschiebungen im Hauptstadtprojekt ein umso größeres Ärgernis. Wenige Tage nach der Einweihung der zweiten Fahrrinne des Suezkanals verwies as-Sīsī auf die schleppende Entwicklung der Neuen Verwaltungshauptstadt:

> Ich kann euch nicht mitteilen, dass ich die erste Phase der neuen Hauptstadt in zwei Jahren umsetzen kann, die erste Phase umfasst 10.000 Feddān. (...) Auch wenn wir uns dafür aufreiben, kann ich sagen ‚Zwei Jahre' und am Ende haben wir nichts gemacht. Während der Bauarbeiten machen wir keine Pausen und strengen uns sehr an. (...) Wir wären in der

---

57 Radar 2015 (Übersetzung des Verfassers).
58 Vgl. State Information Service 2017.
59 eXtra News 2015 (Übersetzung des Verfassers).
60 Vgl. Ittiḥād al-Iḏāʿat wa at-Tilīfīziūn al-Maṣrī 2015.
61 Gerlach 2015.

Lage, die Leute [in der Kairo-Giza-Agglomeration] zu entlasten. So können wir den Ballungsraum entlasten.[62]

Der Präsident bestand mindestens bis in den Winter 2017 darauf, die Pläne persönlich einzusehen und wurde regelmäßig über den Fortgang informiert. Eine wohlinformierte Gesprächspartnerin meinte im Juni 2017: „Our president is very angry, very angry. He is not happy that the project takes long."

5.1.2 Zielvorstellungen des Präsidenten

Die anzunehmenden Zielvorstellungen des Präsidenten weichen jedoch erheblich von den vorgegebenen Gründen für den Bau der Neuen Verwaltungshauptstadt ab. Zunächst ist die Lage der Hauptstadt zu betrachten. Schon Monate vor der Konferenz in Scharm el-Scheich wurde festgelegt, dass die Neue Verwaltungshauptstadt auf einer unentwickelten Wüstenfläche auf etwa halbem Weg zwischen Kairo und dem Suezkanal entstehen soll (vgl. Abb. 6). Ein Grund für die Standortwahl könnte in der geographischen Nähe zu außenpolitischen Verbündeten liegen. As-Sīsī ist sich darüber im Klaren, wie schnell eine stabil scheinende Diktatur durch eine Volksbewegung gestürzt oder gegen einen unliebsamen Präsidenten geputscht werden kann. Er selbst hat den Sturz Mubāraks im Februar 2011 als Direktor des Geheimdienstes miterlebt und den Sturz Mursīs im Juli 2013 mitverantwortet. Einige Gesprächspartner, die an dem Großprojekt beteiligt sind, vermuten daher, dass die Lage der Neuen Verwaltungshauptstadt mit dem guten Verhältnis des Präsidenten zu Kuwait, den Vereinigten Arabischen Emiraten und insbesondere zu Saudi-Arabien zusammenhängt. Ein Tag nach dem Putsch gegen den islamistischen Präsidenten und Muslimbruder Mursī hatten diese drei Golfstaaten den neuen militärischen Machthabern in Kairo finanzielle Unterstützung in Höhe von 12 Milliarden US-Dollar zugesagt, ohne die das Land wohl bald insolvent gewesen wäre. As-Sīsī hatte bereits bei mehreren Gelegenheiten vor allem Saudi-Arabien um finanzielle Hilfe gebeten bzw. sich für erhaltene Kredite bedankt.[63]

Das Entgegenkommen der Golfstaaten gründet unter anderem auf der Furcht vor innen- wie außenpolitischem Machtverlust: „Given their own Islamist opposition, the monarchs feared that events in Egypt might become a role

---

62 ON Ent 2015 (Übersetzung des Verfassers).
63 Vgl. Nādī et al. 2014a; Nādī et al. 2014b.

model for successful Muslim Brotherhood rule in the Arab world."[64] Gleichzeitig hatte Qatar, der regionale Rivale Saudi-Arabiens, als einziger Golfstaat die Regierung Mursī finanziell massiv bezuschusst. Die seit Juni 2017 anhaltende Isolation Qatars, angeführt durch das Bündnis Kairo-Riad, ist auch ein Nachhall dieser Zusammenarbeit.[65] Saudi-Arabien spielt des Weiteren eine herausragende Rolle in der ägyptischen Wirtschaft. Der Golfstaat ist mit sechs Milliarden US-Dollar an Investitionen und einem Handelsvolumen von über vier Milliarden US-Dollar (Stand 2017) einer der weltweit wichtigsten Wirtschaftspartner Ägyptens. Seit 2007 tätigen saudische Unternehmen umfangreiche Investitionen insbesondere in ägyptische Immobilienprojekte.[66] Umso wichtiger sind gute Beziehungen zwischen beiden Ländern, die in der Vergangenheit gleichbedeutend mit einem guten Verhältnis zwischen dem ägyptischen Präsidenten und dem saudischen König waren. As-Sīsī knüpfte als Militärattaché erste Beziehungen und stand später als Direktor des militärischen Geheimdienstes für Waffenlieferungen und strategische Koordination in engem Kontakt mit der saudischen Regierung. Er pflegt außerordentlich gute Beziehungen zu den Staatsoberhäuptern.[67] Unter diesen Vorzeichen vermuten mehrere Planer, dass die räumliche Nähe zu Saudi-Arabien und damit eine schnelle Fluchtmöglichkeit bzw. Unterstützung im Falle eines Umsturzversuchs bei der Standortwahl seitens as-Sīsīs von Bedeutung war.

Des Weiteren steht die neue Hauptstadt in einer langen Reihe von Prestigeprojekten, wie sie unter an-Nāṣir, as-Sādāt, Mubārak und Mursī entwickelt wurden. Typischerweise sind die Projekte in drei Programmbereichen angesiedelt. Zunächst wurde von allen Präsidenten seit an-Nāṣir die Urbarmachung der Wüste vorangetrieben. Schon 1954 wurden zu diesem Zweck Farmerkollektive gegründet. As-Sādāt versuchte sich einige Jahre später an einem Kultivierungsprojekt mit der für damalige Verhältnisse enormen Größe von 63 Quadratkilometern. Unter Mubārak wurde das Tūškā-Projekt im südwestlichen Oberägypten

---

64 Roll 2016, S. 34.

65 Vgl. Marshall 2015, S. 17; Salhi 2016, S. 107.

66 Vgl. al-Aees 2017, S. 3; Farah 2009, S. 50.

67 Die guten Beziehungen wurden nur kurzzeitig getrübt, als beide Länder in einer Abstimmung zu einer UN-Resolution unterschiedlich votierten. Mit einem Besuch as-Sīsīs in Riad im April 2017 wurden die Spannungen gelöst. Zum Verhältnis as-Sīsīs zu Saudi-Arabien vgl. Ezzat 2017, S. 3; Hisham 2017, S. 4; Kandil 2016.

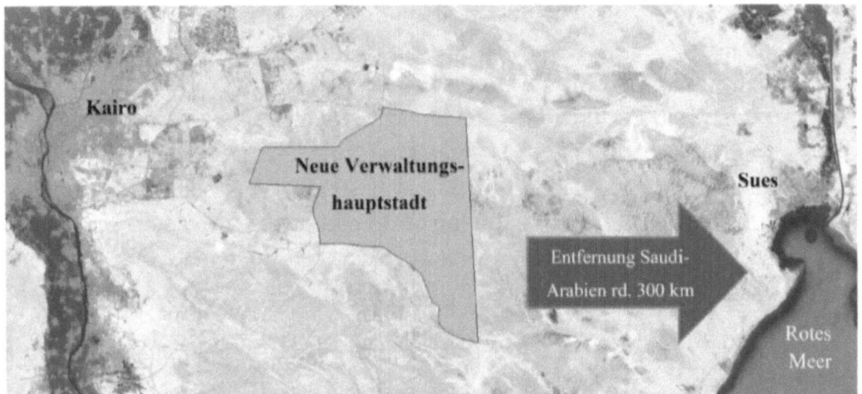

Abbildung 6: Die regionale Lage der Neuen Verwaltungshauptstadt

angestoßen, dessen Grundzüge schon Jahrzehnte zuvor skizziert worden waren. Mithilfe von Wasser aus dem Assuan-Stausee wurde erfolglos versucht, 630 Quadratkilometer Wüstenfläche zu kultivieren.[68] Zweitens gilt der Suezkanal gemeinhin als Symbol ägyptischen Nationalstolzes. An-Nāṣir hatte die Verbindung zwischen dem Roten Meer und dem Mittelmeer am 26. Juli 1956 verstaatlicht und so seine Herrschaft legitimiert. As-Sādāt konnte die verlorengegangene Kontrolle über den Suezkanal in Folge des Krieges von 1973 zurückgewinnen und seine Beliebtheit steigern. Schließlich verfolgten Mubārak wie Mursī Pläne, einen Industrieknotenpunkt an der Kanalzone zu errichten.[69] Drittens sind Stadtgründungen in der Wüste ein Merkmal nahezu jeder nationalen Entwicklungsstrategie seit an-Nāṣir, die in Form einer siedlungsnahen Urbanisierung v.a. im Großraum Kairo wie auch im Rahmen landesweiter Bauprogramme stattfindet (vgl. Kap. 4).

Um sich nach einer Phase politischer Instabilität als machtvoller und zuversichtlicher Herrscher zu präsentieren, muss auch as-Sīsī prestigeträchtige Großprojekte in diesen drei Handlungsfeldern initiieren. Neben der Fortsetzung des Tūškā-Projekts Mubāraks ist die Urbarmachung von fast 17.000 Quadratkilometern Wüstenfläche über das ganze Land verteilt geplant. Der Suezkanal wurde zwischen August 2014 und August 2015 um die schon erwähnte zweite Fahrrinne erweitert. Auch wenn sich das Projekt als wirtschaftlicher Fehlschlag her-

---

68 Vgl. Adriansen 2009, S. 666; Sims 2014, S. 95 f.
69 Vgl. Aziz 2016, S. 19; Gordon 2000, S. 178; Kandil 2016.

ausstellte, wurde es medienwirksam als nationales Vorhaben in Szene gesetzt (vgl. Abb. 7).[70]

Ähnliches gilt auch für die Urbanisierung der Wüste. Allein in der Region Tūškā in Oberägypten sollen unter anderem 48 neue Siedlungen und eine achtspurige Autobahn entstehen. Als Weiterentwicklung eines sozialen Wohnungsbauprogramms Mubāraks, das den Bau von 500.000 Wohneinheiten vorsah, wird seit 2014 der Bau von einer Million Wohneinheiten auf Wüstenland vorangetrieben.[71] Ein Architekt kommentierte auf Nachfrage zu dem Anstieg der Planzahlen kritisch: „If Mubarak says 500.000, of course Sisi needs to say 1 million. If he says less…if he says 500.000, some people will think he is not a strong leader." In diesem Sinne soll auch die Neue Verwaltungshauptstadt zeigen, dass as-Sīsī als würdiger, ja überlegener Erbe seiner Vorgänger in der Lage ist, in der Wüste ein neues Regierungszentrum zu errichten.

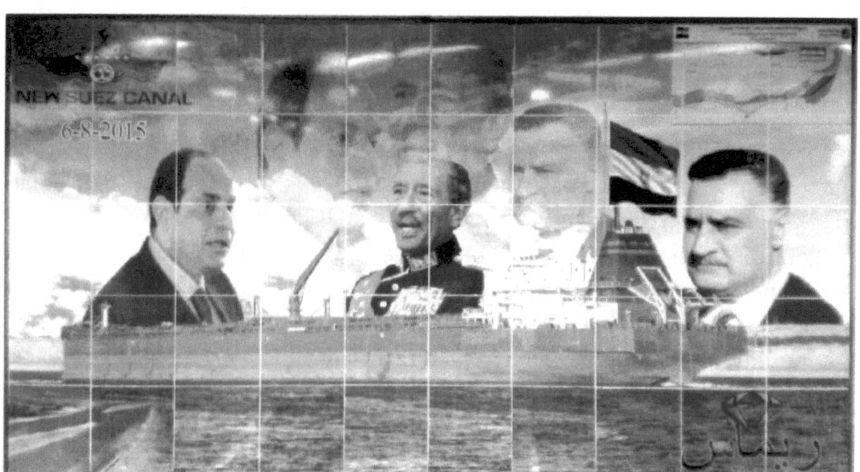

Abbildung 7: Fliesenmosaik an einer Wand in der Kairoer U-Bahn

Zuletzt besteht die Vermutung, dass die Neue Verwaltungshauptstadt als Machtsymbol dienen soll. Diese Annahme stützt sich vor allem auf die Konzeption des Präsidentenpalastes, die mit den offiziellen Argumenten as-Sīsīs nicht mehr zu erklären ist. Einer der projektverantwortlichen Planer bezeichnete den

---

70 Vgl. Elsayed 2017, S. 3; Loewe 2015; Marshall 2015, S. 16; MPMAR 2016, S. 51 f. In zentral gelegenen U-Bahn-Stationen wurden zwischen 2016 und 2017 Monitore installiert, die beständig die Errungenschaft des zweiten Suezkanals priesen.
71 Vgl. MPMAR 2016, S. 57; Stadnicki 2016, S. 231.

Palast als „as-Sīsīs Pyramide". Weder in öffentlichen Interviews noch in Werbevideos wird der Palast im Detail erwähnt. Der Herrschersitz sollte ursprünglich in einer nachfolgenden Phase entwickelt werden, wurde aber spätestens ab Januar 2016 zu einem Projekt höchster Priorität erklärt. Während der letzten Projekteinsicht im Juli 2017 war das Vorhaben weiter vorangeschritten als andere Teilprojekte. Die Wahl von Design und Standort dieses Präsidentenpalastes geben Aufschluss über die der Verwaltungshauptstadt zugrundeliegende Machtsymbolik.

Für den Palast war zu Beginn der Entwurfsphase eine Freifläche im Süden des zukünftigen Regierungsviertels vorgesehen. Chinesische Entwickler, die zwischen September 2015 und Februar 2017 die Verantwortung für den Bau des Regierungsviertels trugen, sowie ein ägyptisches Planungskomitee entschieden sich spätestens im Oktober 2015 dazu, eine 9,5 Quadratkilometer große Fläche im Herzen der Neuen Verwaltungshauptstadt für den Palast bereitzustellen. Die Argumentation, mit der as-Sīsī und sein Beratungsstab von dem Palastgelände überzeugt werden konnten, erklärte ein Gesprächspartner anhand einer Präsentation vom Januar 2016. Demnach stellten die chinesischen Investoren zunächst beispielhaft verschiedene Präsidentensitze vor, unter anderem den Kreml und Paläste in Abu Dhabi, Neu-Delhi und Ankara. Anschließend wurden die Flächen aller Paläste in die Fläche des zukünftigen Palastes eingefügt. Es stellte sich heraus, dass der ägyptische Komplex größer war als alle Beispiele zusammengenommen. Nur durch einen solch großen Palast, so die Argumentation der Entwickler, lasse sich die Größe des Präsidenten unterstreichen.

Im März 2016 reisten Delegationen des Militärs und des Wohnungsbauministeriums nach Kasachstan und China, um sich über die Erfahrungen von Stadtneugründungen berichten zu lassen. Bei ihrer Rückkehr empfahlen sie dem Präsidenten, den Palast an den nördlichen Rand der Neuen Verwaltungshauptstadt zu verlegen. Als Grund hierfür gaben sie laut einer Planungsmanagerin an, dass der Palast dort isolierter liege und eine größere Fläche zur Verfügung stehe. Das neue Palastgelände misst 10,5 Quadratkilometer und macht damit etwa 16 Prozent der Gesamtfläche der Planphase 1 aus. Das Design des Gebäudekomplexes soll an die Architektur des Alten Ägypten erinnern: Während die gekreuzten Längsachsen und die mit Säulen geschmückten Aulen an den Tempel von Karnak angelehnt sind, kopieren die Stufendächer den Tempelpalast der Hatschepsut. Die chinesischen Entwickler vermarkteten ihr Konzept gegenüber as-Sīsī und den obersten Entscheidungsträgern erfolgreich mit Verweisen auf eine Machtarchitektur, die sie als „temple of Pharao" bezeichneten. Inwiefern sich das Aussehen des Palastes inzwischen verändert hat, ist dem Autor nicht bekannt, doch gibt dieser Einblick in die Entwicklung bereits Auf schluss über die grundlegende Absicht der Entscheidungsträger, den Palast als Herrschaftssymbol zu gestalten.

5.2 Das Militär

Das Militär in Ägypten verfügt über enorme Ressourcen, die neben der Funktion als Gewährleister äußerer Sicherheit auf drei Pfeilern beruhen: Erstens verfügt der Militärapparat über enormen Einfluss in der Staatspolitik. So entstammt seit Beginn der Republik mit Ausnahme des relativ kurz amtierenden Mursī jeder Präsident dem Militär. Im direkten Umfeld as-Sīsīs fungieren zahlreiche Militärangehörige als Berater und Mittelsleute. Auch die lokale Verwaltung wird durch Offiziere und pensionierte Militärs dominiert.[72] Zweitens machte sich das Militär die Liberalisierung seit as-Sādāt zunutze, um einen eigenen, semi-privaten Wirtschaftssektor aufzubauen; „The military is not only a state within a state; it is also an economy within an economy."[73]

Militärbetriebe stellen eine große Bandbreite an Produkten her; Sanitärbetriebe, Cafés und die größte Tankstellenkette Ägyptens befinden sich im Besitz der Streitkräfte. Auch der Bau und die Instandhaltung von Infrastruktur gelten als ihre Domäne.[74] Ein dritter Pfeiler ihrer Macht ist der Landbesitz. Wüstenfläche, die etwa 90 Prozent des ägyptischen Territoriums ausmacht, befindet sich gemäß dem sogenannten „Wüstengesetz" von 1981 grundsätzlich in Besitz des Militärs, sofern sie außerhalb einer Gemeindegrenze liegt. Jede Nutzung für einen anderen Zweck benötigt einen entsprechenden Erlass des Verteidigungsministers. Nach einem weiteren Gesetz aus dem Jahr 1991 wird zudem jede Wüstenfläche, die nicht als Militärgebiet gekennzeichnet ist, Behörden und Ministerien in einer festen Reihenfolge zugeteilt. Das Antiquitätenministerium und das Erdölministerium, die als erste Ansprüche geltend machen dürfen, werden durch das Militär kontrolliert.[75] Jeder Nutzer einer Wüstenfläche ist ferner verpflichtet, mit dem Verteidigungsministerium Rücksprache zu halten. Da Letzterem keine zeitliche Frist für eine Antwort auf Anfragen vorgegeben ist, kann es durch bloßes Abwarten die Flächenabtretung hinauszögern. Darüber hinaus haben die Streitkräfte das Recht, jedes öffentliche Land zum „Wohl der nationalen Sicherheit" zu konfiszieren. Diese Eingriffsmöglichkeiten hatte sich das

---

72 Vgl. Kandil 2016; Sayigh 2012, S. 15.
73 Salhi 2016, S. 97.
74 Vgl. Abdelhraman 2015, S. 23; Affan 2016, S. 3; Monier 2017, S. 5.
75 Vgl. Sims 2014, S. 262 f.; World Bank 2006b, S. 80.

Militär bereits mehrmals zunutze gemacht, um unliebsame Urbanisierungsprojekte zu verhindern und sogar Neue Städte in ihrem Aussehen grundlegend zu verändern.[76] Angesichts dieser Ausgangslage verfügt das Militär über eine große Handlungsfreiheit, um seinen Einfluss in der Neuen Verwaltungshauptstadt geltend zu machen.

Der Ausbau der Machtposition des Verteidigungsministeriums und verbundener Institutionen vollzog sich in mehreren Schritten: Zunächst übernahm die Ingenieursabteilung der Streitkräfte in einem nicht näher bestimmbaren Zeitraum vor Mai 2015 die Bauaufsicht. Unter General Kāmal al-Wūzīr, der seit Dezember 2015 die Abteilung leitet, wurden ab April 2016 die ersten Straßen in der Neuen Verwaltungshauptstadt errichtet. Als zweiten Schritt nutzte das Verteidigungsministerium während der Verhandlungen mit dem emiratischen Großinvestor al-ʿAbbār seine Kompetenzen im Flächenmanagement. Eigentlich hätte das Militär das Areal der Neuen Verwaltungshauptstadt an eine Abteilung des Wohnungsbauministeriums übergeben müssen. Diese hätte anschließend das Gebiet entwickelt, indem es Land an Investoren vergibt. Damit hätte das Militär die Fläche de facto verloren, ohne eine entsprechende Kompensation zu erhalten. Solange es also nicht ausreichend von der Neuen Verwaltungshauptstadt profitieren konnte, gab das Verteidigungsministerium die Fläche nicht frei. Die Verhandlungen mit al-ʿAbbār scheiterten nicht zuletzt deshalb, weil der eigentliche Gegenstand der Verhandlungen, die Fläche der Neuen Verwaltungshauptstadt, weiter im Besitz der Streitkräfte blieb und die Zukunft des Projekts daher unsicher war. In einem dritten Schritt erließ as-Sīsī am 4. Dezember 2015 das Dekret Nr. 446. Darin bevollmächtigte er die Abteilung der Streitkräfte für Flächennutzungsprojekte (AFPLA), die für die Veräußerung von Wüstenflächen zuständig ist, gewinnorientierte Organisationen einzurichten:

> „Die [AFPLA] (...) soll für das Militär Städte und Areale für nicht-militärische Nutzung auf un- oder umgenutzten Flächen vorbereiten. Hierfür sollen die Infrastruktur und weitere notwendige Dienste eingerichtet werden, um die Ziele [der AFPLA] und die Entwicklung ihrer Ressourcen zu erreichen. Zu diesem Zweck darf die Abteilung Unternehmen aller Art gründen."[77]

Da die AFPLA nun als Wirtschaftsunternehmen auftreten konnte, wurden ihr vom Präsidenten am 8. Februar 2016 rund 70 Quadratkilometer der Fläche der

---

76 Zu den Eingriffsmöglichkeiten vgl. Roll 2013, S. 10; World Bank 2006b, S. 81; zu den wichtigsten, von den Streitkräften veränderten Stadtentwicklungsprojekten vgl. Dorman 2013, S. 1595 f.
77 Ziāda 2017 (Übersetzung des Verfassers).

Neuen Verwaltungshauptstadt zugestanden. Die Abteilung ist seither als Immobilienentwickler am Projekt beteiligt. Als nächster Schritt wurde am 21. April 2016 eine Aktiengesellschaft mit dem Namen Administrative Capital Urban Development (ACUD) zu dem Zweck gegründet, die Entwicklung der Neuen Verwaltungshauptstadt zu steuern. Gleichzeitig sollte sie die NUCA, eine Behörde des Wohnungsbauministeriums (dazu vgl. Kap. 5.3.), ersetzen, der dem Gesetz nach das Land für die Entwicklung der Neuen Verwaltungshauptstadt eigentlich zufällt. Der Vorstand der ACUD setzt sich aus drei Mitgliedern des Wohnungsbauministeriums und vier Militärangehörigen zusammen. Hinzu kommen sechs Fachexperten aus verschiedenen Branchen. Da einer der Experten dem Verteidigungsministerium untersteht, können fünf der 13 Vorstandsmitglieder dem Militär zugerechnet werden. Als Geschäftsführer wurde mit Generalmajor Muḥammad ʿAbd al-Laṭīf ein Angehöriger der Streitkräfte eingesetzt. Zusätzlich tritt die AFPLA als Miteigentümer der ACUD auf. Das Unternehmen und damit das Planungsmanagement befinden sich so fest in der Hand des Militärs.[78]

In einem nächsten Schritt konnte das Militär seinen Einfluss auf die ägyptische Niederlassung der China State Construction Engineering Corporation (CSCEC) ausweiten. Das größte Bauunternehmen der Welt war seit September 2015 für die Entwicklung des Regierungsviertels verantwortlich. Im August 2016 schloss al-Laṭīf im Namen der ACUD mit einem Vertreter des chinesischen Unternehmens eine Absichtserklärung zum Bau des neuen Wohnungsbauministeriums, das als Pilotprojekt des Regierungsviertels gilt. Gemäß der Vereinbarung wurde das libanesische Beratungsunternehmen Dār al-Handasa in die Planung involviert, indem es bindende Weisungen an CSCEC erteilen kann. Da die ägyptische Zweigstelle von Dār al-Handasa durch das Verteidigungsministerium kontrolliert wird, war das Militär somit weisungsbefugt gegenüber dem chinesischen Entwickler. Seit dem Ausscheiden von CSCEC werden Bauaufträge und Konzessionen mehrheitlich an Unternehmen vergeben, die vom Militär kontrolliert werden. Ein Planer schlussfolgerte angesichts dieser Situation im April 2017: „The military took over. It is a military project now."

Als finaler Schritt ist die endgültige Übernahme des Vorstands der ACUD zu nennen. Anfang August 2017 wurde General Aḥmed Ḍakī ʿĀbdīn vom Präsidenten als neuer Vorstandsvorsitzender von ACUD mit umfassenden Befugnissen eingesetzt. General al-Laṭīf, zuvor Geschäftsführer, wurde stellvertretender Vorsitzender. Damit war der Privatunternehmer Āymān Ismāʿīl entmachtet, der im Mai 2016 zum nicht-exekutiven Vorstandsvorsitzenden gewählt worden war, um

---

78 Vgl. Ḥasan 2016; al-Būrṣa 2016.

die Neue Verwaltungshauptstadt in der Privatwirtschaft zu bewerben. Die gesamte Organisationsstruktur des Projektmanagements befindet sich somit in der Hand des Militärs (vgl. Abb. 8).

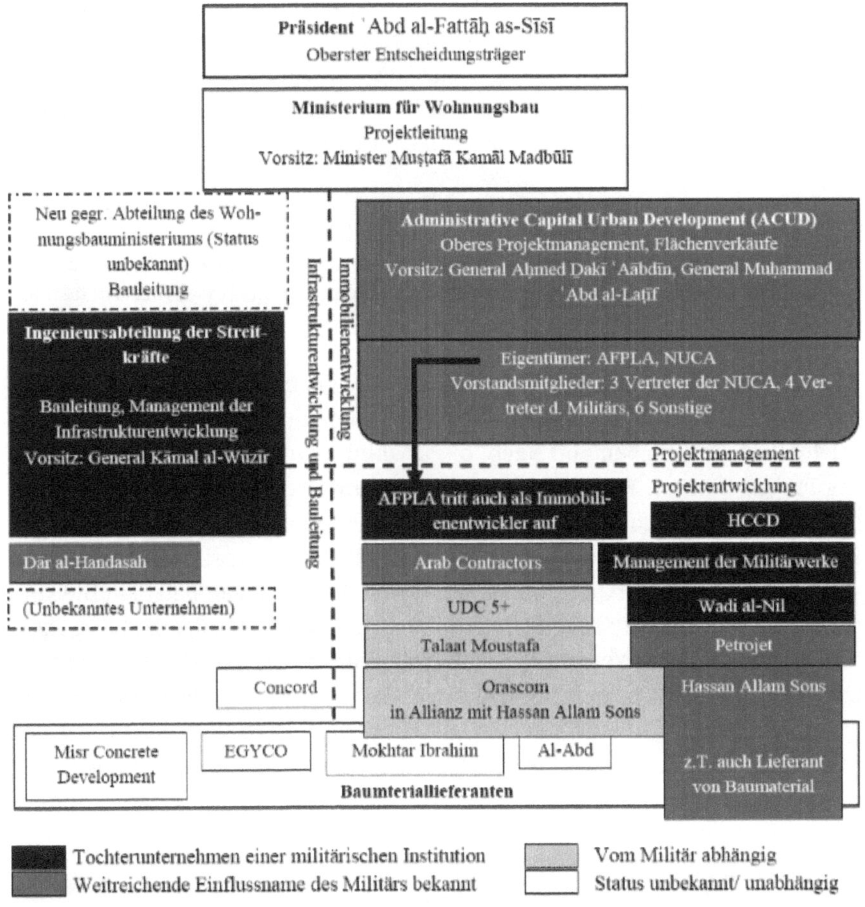

Abbildung 8: Rekonstruktion des Organigramms der Neuen Verwaltungshauptstadt

5.2.1 Argumentationslinien des Militärs

Bezüglich der externen Argumentation ergibt sich die Situation, dass as-Sīsī als getrennt zu betrachtender Akteur gleichzeitig als wichtigster Fürsprecher des Militärs auftritt, während sich Angehörige der Streitkräfte bis auf wenige, sehr allgemeine Aussagen in der Öffentlichkeit zurückhalten. Kurz nach der Konferenz in Scharm el-Scheich erklärte as-Sīsī in einer öffentlichen Sitzung mit hochrangigen Vertretern des Militärs am 18. Mai 2015, dass die Aufgabe der Armee nicht mehr nur in der Gewährleistung der nationalen Sicherheit läge. Angesichts der Schwierigkeiten, auf die Ägypten stoße, obliege dem Militär als Beschützer der Nation fortan auch die „umfassende Entwicklung" des Landes.[79] Damit legte er die Grundlage für die nachfolgende wirtschaftliche Beteiligung des Militärs an der Neuen Verwaltungshauptstadt. Im Herbst 2016 verteidigte der Präsident beispielsweise die zu diesem Zeitpunkt bereits stark ausgebaute Machtposition des Militärs im Projekt folgendermaßen:

> Es gibt so viele Menschen, die verstehen müssen, dass die Streitkräfte für die nationale Sicherheit Ägyptens verantwortlich sind und dass sie [in der Neuen Verwaltungshauptstadt; Anm.] intervenieren, hart arbeiten und alles Nötige ausführen, um den Staat zu schützen und nicht, um finanzielle Gewinne zu erwirtschaften oder um im Wettstreit mit dem Privatsektor zu stehen.[80]

Wie zu erwarten ist die Informationsdichte bezüglich der internen Argumentationslinien des Militärs recht dürftig. Die Argumentation lässt sich aber beispielhaft an Gesprächen aufzeigen, die zur Einbindung von Dār al-Handasa in das Projekt führten. Während eines Vorbereitungstreffens für die Verhandlungen erklärte ein Offizier, dass es Aufgabe des Unternehmens sei, CSCEC bei der Beschaffung der Materialien vor Ort zu unterstützen. Dazu sei das Unternehmen aufgrund der starken Expansion des Militärs in die Wirtschaft befähigt. Die kurz darauf unterzeichnete Absichtserklärung mit CSCEC rechtfertigten Militärangehörige auf ähnliche Weise: Die lokalen Verhältnisse seien dem chinesischen Unternehmen nicht bekannt und die rechtlichen und organisatorischen Rahmenbedingungen für Ausländer kaum zu durchdringen. Wollen also externe Interessenten an dem Projekt beteiligt werden, sind sie der Argumentation nach auf die Patronage des Militärs angewiesen. Dadurch erhält das Militär eine stärkere Stellung im Projekt, was wiederum als Argument zur weiteren Machtausdehnung genutzt wird.

5.2.2 Zielvorstellungen des Militärs

Im Wesentlichen lassen sich zwei Zielsetzungen seitens des Militärs ermitteln: Einerseits dient die Neue Verwaltungshauptstadt der Abschottung und als

---

79 Vgl. Samīka und ad-Daḥāḥnī 2015.
80 Ara Reuters 2016 (Übersetzung des Verfassers).

Maßnahme der Herrschaftssicherung, andererseits als gewinnträchtiges Wirtschaftsprojekt.

Mehrere Architekten und Planer, die für das Plandesign Vorgaben der Ingenieursabteilung der Streitkräfte erhielten, vermuten hinter den teils 90 Meter

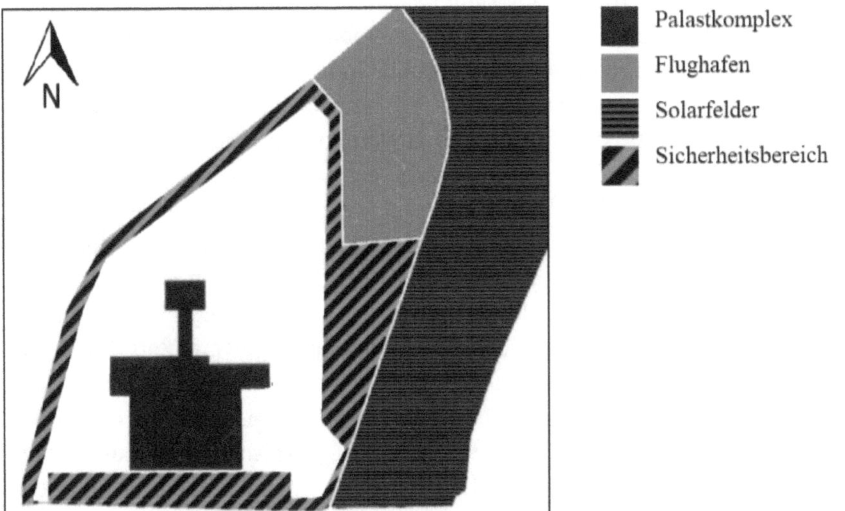

Abbildung 9: Flächennutzung der Palastanlage. Stand März 2016

breiten, größtenteils geraden Hauptstraßen nicht nur ein Mittel zur Stauvermeidung, sondern auch eine Ressource der Herrschaftssicherung im Sinne Haussmanns.[81] Des Weiteren ist der Palastkomplex nicht nur als Prestigeprojekt anzusehen. Er enthält Elemente, die auf eine Abschirmung hindeuten: Die jetzige Lage ist vor Angriffen besser geschützt als die ursprüngliche Standortwahl im Zentrum der Neuen Verwaltungshauptstadt. Die Solarfelder im Nordosten der Palastanlage, deren Fläche in den neueren technischen Entwürfen ab März 2016 um das Doppelte vergrößert wurde, machen den Komplex weniger anfällig für eine Unterbrechung der Energieversorgung (vgl. Abb. 9). Ebenso lassen umfangreiche Bauten für Sicherheitspersonal auf eine große Bedeutung des Sicherheitsfaktors schließen. Nicht zuletzt ermöglicht der direkt angrenzende Flughafen im Falle eines Angriffs für die hier ansässigen Entscheidungsträger

---

81 Dieser hatte im Paris des 19. Jahrhunderts große Verkehrsachsen unter anderem zur Bekämpfung von Aufständischen angelegt (vgl. Sennett 1970, S. 89).

und ihre Unterstützer eine rasche Flucht.[82] Ein weiteres, augenfälliges Indiz ist das Verteidigungsministerium, das sich bezeichnenderweise nicht in die räumliche Anordnung der übrigen Ministerien südlich des Präsidentenpalastes einreiht, sondern ein großes Areal nahe der Hauptverkehrsachsen einnimmt.

Neben dem Sicherheitsmotiv steht das Motiv des finanziellen Gewinns, das sich in der Beteiligung des Militärs am Immobilienmarkt ausdrückt. Die Nutzung der Wüste für Profitzwecke hat zwei Gründe: Erstens wird der Militäretat aufgrund der zunehmend schwierigen Wirtschaftslage in Ägypten beständig reduziert. Zweitens sinkt aufgrund der langjährigen Inflation in den USA auch die internationale Kaufkraft der Militärhilfen, die Ägypten seit dem Camp-David-Abkommen mit Israel 1978 von den Vereinigten Staaten erhält.[83] Das Militär sieht sich daher gezwungen, sein Budget durch Wirtschaftsprojekte aufzubessern. Dafür kann es auf die Wüste als gewaltiges Flächenreservoir zurückgreifen. Generell werden, sobald der Entwicklungsdruck steigt, Wüstenflächen gewinnbringend verkauft oder bebaut und als Immobilie veräußert. Dabei tritt das Militär nicht nur als Verkäufer, Grundbesitzer sowie im Bereich des Flächenmanagements auf, sondern übernimmt beispielsweise in Form der AFPLA auch die Rolle eines Immobilienentwicklers. Die Arabische Wüste kennt zahlreiche solche Beispiele, sei es im 130 Quadratkilometer großen al-Heikastep-Militärlager östlich des Kairoer Flughafens oder in Städten unweit der Neuen Verwaltungshauptstadt, etwa aš-Šurūq, New Heliopolis und Badr.[84] Damit ist die Planfläche im Westen und Norden von Immobilienprojekten des Militärs umgeben ist, und es ist nur konsequent, auch die Neue Verwaltungshauptstadt selbst ökonomisch zu verwerten.

5.3 Das Wohnungsbauministerium

Als dritter Akteur in der Entwicklung der Neuen Verwaltungshauptstadt ist das Ministerium für Wohnungsbau, Versorgung und Neue Gemeinden – kurz Wohnungsbauministerium – zu nennen. Es trägt seit den 1970er Jahren die ministerielle Verantwortung für die Urbanisierung der Wüste. Zu seinen zentralen Kompetenzen zählt der Einfluss auf die Gestalt von Wüstenstädten über Baurichtlinien und -verordnungen. Gemäß Gesetz Nr. 164 aus dem Jahr 1996 ist es

---

82 Der Flughafen war ursprünglich weiter östlich vorgesehen, wurde jedoch im Zuge der Standortverlegung des Palastes in dessen unmittelbare Nachbarschaft verlegt.
83 Vgl. Marshall 2015, S. 20 f.
84 Vgl. Sims 2014, S. 159, S. 361, Anm. 20.

außerdem zuständig für die Entwicklung einer übergreifenden Wohnungsbau-
politik; es kann Entwicklungspläne aufstellen, Studien durchführen und die
angestoßenen urbanen Prozesse auf ihre Übereinstimmung mit allgemeinen
Entwicklungsstrategien hin prüfen.[85] Seine hervorgehobene Bedeutung in
Raumentwicklungsprozessen wird durch die finanziellen Ressourcen unterstri-
chen: Im Fiskaljahr 2016/17 tätigte das Ministerium mit 103,7 Milliarden ägyptischen Pfund (9,9 Milliarden Euro) 56 Prozent aller Investitionen im öffentlichen
Bau- und Infrastruktursektor.

Im Rahmen der nationalen Strategie Egypt 2030 wurde dem Wohnungsbauministerium durch den Präsidenten die Projektleitung der Neuen Verwaltungshauptstadt sowie dreier weiterer nationaler Großprojekte übertragen.[86] Das
Wohnungsbauministerium wird im vorliegenden Fall durch zwei Unterbehörden – die Behörde für Neue Gemeinden (NUCA) und die Allgemeine Organisati-
on für Physische Planung (GOPP) – sowie durch den Wohnungsbauminister
repräsentiert.

Die NUCA verwaltet seit ihrer Gründung im Jahr 1979 die Flächen Wüsten-
städte und ist per Gesetz befugt, eine letztgültige Entscheidung zur Veräußerung von Wüsten- oder Brachland zu treffen. Zudem kann die Behörde Flächen
aus ihrem Eigentum zur Urbanisierung der Wüste direkt und ohne Befragung
anderer staatlicher Stellen verkaufen.[87] Die GOPP dagegen entwirft die Entwicklungspläne, kartiert die städtische Entwicklung und evaluiert Projekte, die sie
zuvor auf nationaler, regionaler und lokaler Ebene vorbereitet hat.[88]

Der Wohnungsbauminister Muṣṭafā Madbūlī als dritter Sub-Akteur – und
zentraler Entscheidungsträger – des Ministeriums ist eng mit der GOPP verbun-
den. Seine Karriere begann dort als Mitarbeiter der technischen Abteilung. Von
2008 bis 2012 war er als Leiter der Behörde an der Ausarbeitung von Cairo 2050
beteiligt. ʿĀṣim al-Ġazzār, der ihm nachfolgende Leiter der GOPP und jetzige
Wohnungsbauminister, ist einer seiner wichtigsten Verbündeten. Während der
Präsidentschaft Mursīs arbeitete Madbūlī in einer ausländischen Partnerorgani-
sation der GOPP, kehrte aber im März 2014 als Wohnungsbauminister zurück.
Als ihm durch as-Sīsī die Projektleitung über die Neue Verwaltungshauptstadt

---

85 Vgl. Ministry of Housing 2017; Stewart 1996, S. 461; World Bank 2006a, S. 55.

86 Vgl. MPMAR 2016, S. 285 ff.; Shawkat und Hendawy 2017. Die anderen drei Großprojekte
sind die Verkehrsachse „30. Juni" von Port Said zur Verbindungsstraße Kairo-al-Ismāʿīlīya, der
Bau einer Million Wohneinheiten sowie die Entwicklung der ägyptischen Nordwestküste.

87 Vgl. Wahdan 2013, S. 38; World Bank 2006a, S. 62 und 2006b, S. 84. Die Kompetenzen überschneiden sich mit den erwähnten Besitz- und Verfügungsrechten des Verteidigungsministeriums, was zu zahlreichen Konflikten im Rahmen der Wüstenurbanisierung führt.

88 Vgl. al-Ḥayʾat al-ʿĀmma [10]2014, S. 14

übertragen wurde, war ihm bewusst, dass der Erfolg des Großprojekts angesichts der schwierigen Finanzlage des Staates von kapitalstarken Investoren abhing. Madbūlī spielte daher eine zentrale Rolle bei dem Versuch, die Finanzierung der Neuen Verwaltungshauptstadt sicherzustellen. Seit spätestens 2014 kommunizierte der Minister mit dem emiratischen Großunternehmer al-ʿAbbār. Nach der Unterzeichnung einer Absichtserklärung folgten Verhandlungen für einen Vertragsabschluss. Sie scheiterten im Juni 2015 einerseits, weil das Militär keine Fläche für die Hauptstadt zur Verfügung stellte. Andererseits hatte al-ʿAbbār wiederholt betont, dass mit seinem Zweigunternehmen Eagle Hills mit Sitz in Ägypten ein national verankertes Unternehmen als Bauträger auftrete. Folglich wolle er auf Kredite ägyptischer Banken zurückgreifen. Aufgrund dieser Interessengegensätze konnte keine Einigung erzielt werden. Mit dem Ausstieg war die Projektfinanzierung gefährdet, und Madbūlī hatte die Niederlage als Verhandlungsführer mitzuverantworten. Nach dem Fehlschlag versuchte er vergeblich, westliche und indische Investoren für Teilprojekte der Neuen Verwaltungshauptstadt zu finden, obgleich einige US-amerikanische und britische Planungs- und Architekturunternehmen für kurze Zeit involviert waren.[89] Nach vorbereitenden Verhandlungen mit Saudi-Arabien und China konnte das Wohnungsbauministerium zwar neue Investoren für das Projekt gewinnen, doch entglitten der Behörde allmählich Verhandlungsführung und Projektleitung.[90]

Am 21. April 2016 folgte mit der Gründung der ACUD – durch das Wohnungsbauministerium, aber mutmaßlich auf Druck des Präsidenten – die Einbindung des Militärs in das oberste Planungsmanagement. Ein Projektmitarbeiter meinte, die Gründung der ACUD sei „the price of [Madbūlīs] failure" bei der Suche nach ausländischen Investoren. Tatsächlich wurde der Einfluss des Ministeriums stark beschränkt. Es stellte nur drei der 15 Vorstandsmitglieder – ein Vertreter der NUCA, al-Ġazzār für die GOPP und ein weiterer Vertreter der technischen Abteilung. Keiner von ihnen erlangte einen Posten im Vorstandsvorsitz.[91] Einen weiteren Rückschlag erlitt das Ministerium, als die Verhandlungen mit der CSCEC im Januar 2017 scheiterten. Internen Berichten zufolge lag einer der wesentlichen Gründe wie schon bei al-ʿAbbār in der schlussendlichen Weigerung des ausländischen Entwicklers, das Projekt mit ausländischem Kapital zu stützen. Als Kapitalgeber für die ACUD trägt das Wohnungsbauministerium über die NUCA nun die finanzielle Hauptlast der Projektentwicklung. Bis September 2017 hatte die Behörde 14 Milliarden ägyptische Pfund (670 Millionen

---

89 Vgl. al-Būrṣa 2016; Bawābat aš-Šurūq 2015; aš-Šarq al-Awṣaṭ 2015.
90 Vgl. Badīr 2016; Egyptian Gazette 2017, S. 2.
91 Vgl. Ḥasan 2016.

Euro) in die Planentwicklung investiert.[92] Obwohl es also weiterhin Projektleiter ist, haben das Wohnungsbauministerium bzw. seine Unterbehörden somit im Laufe des Raumnutzungskonflikts stark an Einfluss eingebüßt, müssen aber gleichzeitig ihre Ressourcen für das Projekt bereitstellen.

5.3.1 Argumentationslinien des Wohnungsbauministeriums

Die externe Darstellung seitens des Ministeriums erfolgt anhand von vier Argumentationslinien: Die Neue Verwaltungshauptstadt als Stadterweiterung, als soziales Wohnungsbauprojekt, als Regierungszentrum sowie als staatliche Einnahmequelle.

Obwohl Madbūlī, wie erwähnt, schon seit 2014 in die Vorbereitungen der Neuen Verwaltungshauptstadt involviert war, wich er Auskünften über den Status der Planung aus.[93] Die Präsentation in Scharm el-Scheich im März 2015 verblüffte dabei nicht nur die Öffentlichkeit; erst wenige Tage davor hatten die meisten Mitarbeiter der GOPP von dem Projekt erfahren.[94] Der Ausschluss zumindest großer Teile der Behörde aus der Projektvorbereitung bedeutete einen schweren Schlag für die Arbeit, das Selbstbewusstsein und den Einfluss der Planer. In den Medien und in beteiligten Unternehmen kursierten Gerüchte, die Behörde sei in ihrem zentralen Interessenfeld übergangen worden. ʿĀṣim al-Ġazzār wies als Leiter der GOPP derartige Behauptungen zurück. Die Neue Verwaltungshauptstadt sei, so al-Ġazzār im Juni 2015, schon länger als Bindeglied zwischen dem Großraum im Westen und dem Suezkanal im Osten konzipiert gewesen. 2016 erklärte er während eines Interviews, seine Behörde habe schon vor Jahren die gesamte Neue Verwaltungshauptstadt im Detail ausgearbeitet. Diese sei demnach im Rahmen der allgemeinen Stadtplanung entworfen worden und lediglich als eine Komponente in einem breiter angelegten Urbanisierungsprozess zu verstehen, der durch die GOPP geleitet werde. Aufbauend auf dieser Darstellung verwarf al-Ġazzār den Begriff der Neuen Verwaltungshauptstadt daher als „metaphorische Übertreibung".[95]

---

92 Vgl. Darwīš 2017.

93 Vgl. al-ʿAzīm 2014; Rabīʿa 2014, S. 3. In welchem Umfang der Minister in die Verhandlungen involviert war und ob er federführend an der Akquisition durch al-ʿAbbār beteiligt war, ist dem Verfasser nicht bekannt.

94 Diese Aussage wird dadurch gestützt, dass in den Flächenstudien der GOPP bis März 2015 verschiedenste Entwicklungskonzepte für den Großraum Kairo aufgeführt wurden, ohne eine Neue Verwaltungshauptstadt zu berücksichtigen (GOPP 2015).

95 Vgl. Aḥmed 2016; Egypt Urban Forum 2015.

Der Argumentation folgte in Ansätzen ab 2016 und verstärkt ab 2017 auch Madbūlī, der die Neue Verwaltungshauptstadt in Scharm el-Scheich noch als einzigartiges Megaprojekt deklariert hatte. In einer von der Weltbank ausgerichteten Podiumsdiskussion erklärte er im April 2017: „It's not only the New Administrative Capital that is now under construction, we have another ten new cities that are being now established all over the country. One of them (...) is the New Administrative Capital, which per se is an extension of Greater Cairo to the East."[96] In einem Interview mit der staatlichen Zeitung al-Ahrām im September 2017 bekräftigte der Wohnungsbauminister diese Sichtweise: "Die Neue Verwaltungshauptstadt ist lediglich eine natürliche Fortführung von New Cairo, um dem allbekannten gewaltigen und beispiellosen Bedarf [an Wohnungen] zu begegnen."[97] Laut einem Architekten, der an der Entwicklung der Neuen Verwaltungshauptstadt beteiligt war, ging es dem Minister mit seiner argumentativen Kehrtwende darum, das Ansehen der GOPP zu schützen: „Of course he has to say it was their [GOPP; Anm.d.V.] plan. He grew up there and he needs them."

Zweitens bewirbt das Ministerium die Neue Verwaltungshauptstadt als Lösung für die Wohnungsnot einkommensschwacher Schichten. Nach Meinung eines Unternehmers, der in Kontakt mit dem Wohnungsbauministerium stand, ist der Hintergrund der Machterhalt des Ministeriums: Wenn der Minister sagen würde, die Hauptstadt sei ein multifunktionales Projekt nationaler Tragweite, "others will come and say: ‚Why are you responsible? You are just responsible for housing!' So [the project] needs to be for housing." Die Angabe, die Hauptstadt diene primär der Bereitstellung von Wohnraum, hilft somit bei der Rechtfertigung der Projektleitung durch das Wohnungsbauministerium. In der Phase 1 waren 485.000 Wohneinheiten geplant, von denen gemäß eines Plans der GOPP vom Mai 2016 285.000 für einkommensschwache Schichten vorgesehen waren.[98] Um Zweifel auszuräumen, wurde auf Druck kritischer Abgeordneter hin ein parlamentarisches Komitee gegründet, das die Implementierung des sozialen Wohnungsbaus überwachen sollte. Ein Mitglied jenes Komitees kritisierte im April 2017 die Entwicklung in einer Parlamentssitzung scharf. Bislang seien noch keine Unternehmungen sichtbar, die auf sozialen Wohnungsbau oder preiswerte Wohneinheiten hindeuteten. Madbūlī erwiderte, dass zunächst ausschließlich Häuser für die Mittel- und Oberschicht errichtet würden. Mit den Erlösen aus den Immobilienverkäufen könne man jedoch die Wohneinheiten für

---

96 World Bank 2017.
97 al-Ahrām 2017 (Übersetzung des Verfassers).
98 Vgl. MPMAR 2016, S. 52; Ṭāriq 2016.

die einkommensschwachen Schichten finanzieren; erste preiswerte Wohneinheiten befänden sich bereits im Bau.[99] Bis Juli 2018 wurde keine der Sozialwoh-
nungen fertiggestellt.

Drittens genießt die Entwicklung des neuen Regierungsbezirks in Relation
zu anderen Teilprojekten der Neuen Verwaltungshauptstadt eine hohe Priorität,
die sowohl Madbūlī als auch al-Ġazzār vor den Medien vertreten. Dabei legen
sie ein Hauptaugenmerk auf den Umzug ihrer eigenen Behörden aus der Innenstadt. Sie argumentieren, dass die alten, denkmalgeschützten Gebäude in der
Innenstadt, in denen sie untergebracht sind, nicht für ihre jetzige Funktion
gedacht seien. Als historisch wertvolle Denkmäler könnten sie nach dem Umzug
stattdessen als Museen und Hotels dienen. Außerdem seien pendelnde Mitarbeiter der Behörden – die Gesamtzahl beläuft sich auf 60.000 – als Ursache für das
hohe Verkehrsaufkommen in der Innenstadt auszumachen. Würde man die
Institutionen verlegen, werde dies essentiell zur Beruhigung der Innenstadt beitragen.[100]

Eine vierte Argumentationslinie betrifft die Darstellung der Neuen Verwaltungshauptstadt als wirtschaftlich profitables Projekt für Ägypten. Schon auf
einer Konferenz im September 2014 erwähnte Madbūlī, dass die Entwicklung
einer neuen Hauptstadt dem Staat „keinen einzigen Melīm[101]" kosten werde.
Alle Kosten seien durch die Kooperation mit dem Privatsektor gedeckt, sodass
der Staat im Gegenteil Gewinne erziele. Entgegen kritischer Schätzungen, welche die Kosten des Projekts in der großen Spanne von 45 bis 500 Milliarden US-
Dollar verorten, betonte Madbūlī wiederholt, dass der Staat das Projekt nicht
mitfinanzieren müsse.[102] Mit steigender Kritik an dem Projekt wurden zwar hohe
Kosten eingeräumt, zugleich aber hohe Gewinne in Aussicht gestellt. Im Okto-
ber 2015 bezifferte Madbūlī in einer Sitzung des Ministerrates den staatlichen
Gewinn aus der Planphase 1 auf 12 Milliarden ägyptische Pfund (1,4 Milliarden
Euro), im Februar 2016 sogar auf 50 Milliarden ägyptische Pfund (4,9 Milliarden
Euro).[103] Bemerkenswert ist auch eine Aussage von Al-Ġazzār vom November
2016, der die enormen Zuschüsse der NUCA an die ACUD als gemeinschaftsdien-
liche Strategie darstellte: „Im Prinzip muss der Staat kein einziges Pfund für das
Projekt zahlen, sondern nur die NUCA. Dies ist eine Reaktion auf Klagen, dass

---

99 Vgl. al-Ḥamīd 2017.

100 Vgl. Aḥmed 2016; ʿAbdālla 2017; al-Ahrām 2017; Sims 2014, S. 9.

101 Kleinstmögliche, nicht mehr gebräuchliche ägyptische Währungseinheit.

102 Zu den Kostenschätzungen vgl. z. B. Fahmy 2015; Salah 2017; zur Argumentation Madbūlīs
vgl. NUCA 2014; al-Ḥamīd und Ḥasan 2015.

103 Vgl. Ġanīm 2015; Ḥaqqī 2016.

die Regierung so viele Milliarden verschwende."[104] Mit den Prognosen für steigende Baukosten und mit dem Ausstieg weiterer Investoren wurde das Argument allmählich fallengelassen.

5.3.2 Zielvorstellungen des Wohnungsbauministeriums

Um auf die wichtigsten Zielvorstellungen des Wohnungsbauministeriums einzugehen, sind zwei Aspekte von Bedeutung: Der Umzug des Ministeriums aus der Innenstadt und der allgemeine Planungszweck der Neuen Verwaltungshauptstadt.

Die Motivation für den Umzug der Ministerien ist nicht deckungsgleich mit der oben aufgeführten, nach außen vertretenen Argumentation, wonach die Verlegung eine Umnutzung der alten Behördengebäude ermögliche und das Verkehrsaufkommen in der Innenstadt reduziere. Der Mīdān at-Taḥrīr, das Herz des Stadtzentrums, gilt seit dem Aufstand von 1919 als das Symbol politischen Widerstands. Die Downtown galt lange Zeit als das Zentrum von Intellektuellen, Künstlern und Oppositionellen.[105] Sowohl der Hauptsitz des Ministeriums als auch das Gebäude der GOPP liegen an einer der Hauptverkehrsachsen, die auf den Taḥrīr-Platz gerichtet sind bzw. in seiner unmittelbaren Nähe verlaufen. Bereits vor der Januarrevolution 2011 wurde diese Lage kritisch beurteilt. Diane Singerman, Politikprofessorin in Washington D.C. und Gründerin einer Aufklärungskampagne in Ägypten, erinnert sich in einem Interview:

> There was a conference in 2010 I went to, and the various, well-connected planners were talking about building a tunnel under the Corniche in Cairo. A lot of what was there was also about getting rid of Taḥrīr Square. (...) And that was when there were like 200 people demonstrating, like every six months, actually not a big deal.

Umso dringlicher wurde die Lage, als sich die Proteste auf dem Taḥrīr im Januar 2011 zu einer revolutionären Bewegung entwickelten und einen politischen Wandel herbeiführten. Als Konsequenz rief die Regierung as-Sīsīs im August 2014 eine Initiative zur „Rückgewinnung der Downtown" aus, in deren Folge die meisten Kulturcafés und subversive Bücherläden geschlossen, Straßenhändler vertrieben und zentrale Areale der Downtown mit Wachposten besetzt wurden. Parallel hierzu wird beabsichtigt, die wichtigsten staatlichen Institutionen in Sicherheit zu bringen. Ähnlich wie einst in Madīnat as-Sādāt soll das

---

104 Aḥmed 2016 (Übersetzung des Verfassers).
105 Vgl. Ghazi 2015, S. 84; Keraitim und Mehrez 2012, S. 38.

Wohnungsbauministerium als projektverantwortliche Institution als erstes umziehen. Danach sollen weitere Ministerien folgen.[106] Der Umzug wird durch die prunkvolle Ausstattung der neuen Ministerialgebäude schmackhaft gemacht. Die Grundflächen der zukünftigen Ministerien betragen zwischen 26.000 und 117.000 Quadratmeter und sind damit meist größer als die Vorläufer. Verschiedene Gebäude, so auch das Wohnungsbauministerium, sollten gemäß der Konzepte vom Frühjahr 2016 mit begrünten Aulen mit Wasserbecken, Skyways und Gärten in den oberen Stockwerken versehen werden. Die neuen Ministerialgebäude sind damit ebenso Zufluchtsort wie Luxusobjekt.

Eine weitere Zielvorstellung betrifft das Bestreben des Ministeriums, existierende Stadtentwicklungspläne umzusetzen. Schon seit der Gründung der Neuen Städte in den 1970er Jahren fasziniert die Wüste die Planer als Ort unbegrenzter Möglichkeiten: "Desert sites represent the planner's ultimate dream of a total blank sheet of paper, where town layouts would be constrained neither by topography nor existing urban realities."[107] Jede neue Stadtentwicklung ist daher „a chance to rebuild the iconic city from scratch, free from the congestion, crime and chaos which they believe has blighted the capital beyond repair."[108] Die Planer sehen die Wüste als verheißungsvolle Alternative ungestört von komplexen Besitzverhältnissen und Raumnutzungskonflikten im Ballungsraum. Die Fehlschläge in der Vergangenheit resultieren aus ihrer Sicht daraus, dass äußere Einflussfaktoren die Pläne immer wieder durchkreuzten. Beispielhaft hierfür beschwerten sich Madbūlī und al-Ġazzār über die „schlechte Kultur" vieler Ägypter, auf Ackerland in der Nähe der Familie wohnen zu wollen statt in den neu entwickelten Städten in der Wüste.[109] Wiederholt beschrieben Planer – nicht nur aus dem Ministerium – die Neue Verwaltungshauptstadt als den Versuch, eine ideale Stadt für eine Bevölkerung zu entwickeln, die nicht wisse, was gut für sie sei. Gemäß dieser Logik sind die Pläne fehlerfrei und müssen daher nur solange wieder aufgelegt werden, bis sie in Perfektion zu realisieren sind. Daher finden sich zahlreiche alte Planungsmuster wieder: Die Wadīān ähneln in ihrer Konzeption, ihrer angestrebten Einwohnerzahl sowie den Anteilen der verschiedenen Einkommensschichten den fehlgeschlagenen Siedlungsstrate-

---

106 Vgl. Magid 2014; Stadnicki 2016, S. 234. Zunächst war die Verlegung von nur zwölf Ministerien geplant. Sechs weitere Minister reichten jedoch 2016 erfolgreich Beschwerde ein, weil sie laut einer Projektmanagerin „Angst hatten, zurückgelassen zu werden." Im Herbst 2017 wuchs die Zahl der zu verlegenden Ministerien auf 30 und im Frühjahr 2018 auf 32.
107 Sims 2012, S. 75.
108 Shenker 2011, S. 3.
109 Vgl. Aḥmed 2016; al-Ahrām 2017.

gien in New Cairo, 10th of Ramadan und al-ʿUbūr.[110] Das neue Regierungsviertel erinnert in der Flächenaufteilung stark an Mubāraks Regierungsviertel, das von der GOPP auf einem Forum 2010 vorgestellt worden war.[111] Des Weiteren weist die West-Ost-Achse der Neuen Verwaltungshauptstadt, die durch einen mehr als 12 Quadratkilometer großen Landschaftspark betont wird, große Ähnlichkeit mit einer Parkanlage in New Cairo auf, die privaten Immobilienprojekten weichen musste. Überspitzt formuliert ist die Neue Verwaltungshauptstadt eine Neuauflage diverser alter Pläne und als Konsequenz auch eine Neuauflage ihrer Fehler.

5.4 Private Akteure

Unter privaten Akteuren werden jene ägyptischen Unternehmer verstanden, die an der Planung oder Implementierung der Neuen Verwaltungshauptstadt beteiligt sind, ohne als Tochterunternehmen des Militärs zu fungieren. In fast allen Fällen traten diese Unternehmer vor dem Hauptstadtprojekt als Bauträger oder Designer von Wohnanlagen in Erscheinung. Obwohl die Unternehmer miteinander im Wettstreit stehen, sind doch Gemeinsamkeiten in der Perspektive auf den Entwicklungsprozess zu erkennen.

Zunächst konnten unabhängige private Geschäftsleute keine nennenswerten Aufträge innerhalb der Verwaltungshauptstadt akquirieren. Da al-ʿAbbār die Implementierung eines Großteils der Stadt übernahm und die Infrastruktur durch das Militär bereitgestellt wurde, blieben nur Teilprojekte übrig wie etwa die Verlegung der Stromleitungen und die Aufstellung des Flächennutzungsplans. Den Wettbewerb für die Einzelaufträge konnten nur jene Unternehmen für sich entscheiden, die von Ägyptern geleitet werden,[112] gleichzeitig internationale Erfahrung vorweisen konnten und über entsprechende Kontakte in das Ministerium und zum Militär verfügten. Nachdem al-ʿAbbār das Projekt verlassen und CSCEC den Bau des Regierungsviertels und der größeren Teilprojekte übernommen hatte, wurde vier ägyptischen Privatunternehmern im April 2016 die Entwicklung der Wadīān zugeschlagen. Das chinesische Unternehmen wurde bei der Planung und beim Design der Projekte von bis zu einem Dutzend ägyptischer Unternehmen unterstützt. Diese sahen große Vorteile in der Koope-

---

110 Vgl. Ettouney 1992, S. 57; el-Shafie 2002, S. 699 f.

111 Vgl. GOPP 2010, S. 103.

112 Am Wettbewerb für den Flächennutzungsplan beteiligten sich beispielsweise drei westliche Planungsbüros, die bereits im Vorentscheid ausschieden. Zwei davon, WATG und EDSA, traten im weiteren Planungsverlauf mehrmals durch beratende Tätigkeiten in Erscheinung.

ration mit CSCEC. Sie konnten verhältnismäßig unabhängig agieren, da sie nicht unter direkter Kontrolle der ägyptischen Regierung arbeiteten. Außerdem hätte ein endgültiger Vertragsabschluss bedeutet, dass die beteiligten Unternehmen in US-Dollar ausgezahlt worden wären, was deutlich mehr Sicherheiten bot als das durch die Inflation geschwächte ägyptische Pfund.

Die Projektbeteiligung der CSCEC endete jedoch im Januar 2017. Auf der Suche nach einem Ersatz wurde, nachdem keine ausländischen Investoren gefunden worden waren, im März 2017 ein Wettbewerb unter zunächst zwölf, später 16 Bewerbern für die Implementierung des Regierungsbezirks veranstaltet. Später konnten weitere Unternehmen Aufträge akquirieren, ohne am Wettbewerb beteiligt gewesen zu sein. Obwohl diese Entwicklung auf den ersten Blick auf eine stärkere Beteiligung des Privatsektors hindeutet, unterstützte sie letztlich die Machtposition des Militärs. Dieses kontrolliert die Mehrheit der beteiligten Unternehmen oder beschränkt sie in ihrer Handlungsfreiheit. Unter die Kontrolle fallen auch scheinbar unabhängige, da kapitalstarke Unternehmen wie Orascom, das von einem Mitglied der reichen Sāwīris-Familie geleitet wird. Orascom untersteht zwar nicht unmittelbar den Streitkräften; um sich an einem Immobilienprojekt in der Neuen Verwaltungshauptstadt beteiligen zu können, musste es allerdings eine Allianz mit Hassan Allam Sons eingehen. Letzteres ist ein Tochterunternehmen der Holding Company for Construction and Development, die wiederum ein Wirtschaftsunternehmen der Streitkräfte ist.[113] Über derartige Abhängigkeiten bleibt die Einflussnahme des Militärs gewahrt.

Ihre schwache Machtposition wird den Privatunternehmern durch unübersichtliche Konfliktfelder und diffuse Kommunikationswege deutlich gemacht, die sie als sehr erschöpfend wahrnehmen. So existierten bis in das Jahr 2017 hinein weder im Verteidigungsministerium noch im Wohnungsbauministerium projektverantwortliche Manager als Ansprechpartner. Stattdessen hatten die Privatunternehmer den Leiter der Ingenieursabteilung der Streitkräfte, Kāmal al-Wazīr, und den Wohnungsbauminister Muṣṭafā Madbūlī direkt zu kontaktieren. Die Kommunikation gestaltete sich sehr schwierig, da beide als hochrangige Entscheidungsträger nur schwer zu erreichen waren. Zudem sprachen sich beide Institutionen nicht oder nur geringfügig ab und traten mit teils widersprüchlichen Forderungen an die Privatunternehmen heran. Hinzu kam, dass das Verteidigungsministerium von den Unternehmern verlangte, die Ingenieursabteilung nicht direkt zu kontaktieren. Stattdessen waren Vorschläge und Pläne seitens der Privatunternehmer zunächst an das Wohnungsbauministerium zu leiten, das seinerseits mit der Ingenieursabteilung der Armee kommuni-

---

113 Vgl. Aly 2015; Darwish 2017, S. 11.

zierte. Gleichzeitig trat das Verteidigungsministerium aber mit Forderungen für Planänderungen direkt an die beteiligten Unternehmer heran, ohne den Umweg über das Wohnungsbauministerium einzuschlagen. Zu einer anderen Gelegenheit reichten mehrere private Unternehmen Pläne im Wohnungsbauministerium ein. Bei der Durchsicht erklärten die Mitarbeiter des Ministeriums, dass die Pläne nichtig seien; die Ingenieursabteilung der Streitkräfte hatte bereits vor einigen Tagen Straßen angelegt, die sich mit den Planvorgaben in keiner Weise deckten. Angesichts dieser Umstände erklärte ein beteiligter Privatunternehmer im April 2017: "There are just many people planning their parts. (...) We don't know anything about the capital as a whole. We just know what the ministry tells us. They just tell us what we need to know."

5.4.1 Argumentationslinien der privaten Akteure

Im Besonderen die privaten ägyptischen Unternehmer argumentieren, dass eine Beteiligung ausländischer Firmen an dem Großprojekt eine unrechtmäßige Einmischung in nationale Angelegenheiten darstelle. So wurde die Projektimplementierung durch den Emirati al-ʿAbbār mehrfach als fremde Bevormundung dargestellt, die sich aus Perspektive der Unternehmer in die Expansion ausländischer Immobilienentwickler einreihte. Tatsächlich waren die Beschuldigungen nicht gänzlich von der Hand zu weisen. 2012 erwirtschafteten Immobilienentwickler aus den Golfstaaten 80 Prozent des nationalen Marktwertes und machten die Hälfte der 26 höchstdotierten Immobilienunternehmen Ägyptens aus. Die besucherreichsten Einkaufszentren der Agglomeration wurden von saudischen und emiratischen Unternehmen errichtet. Das bisher größte Kooperationsprojekt des Wohnungsbauministeriums mit dem Privatsektor berücksichtigt kein ägyptisches Unternehmen, stattdessen aber zwei Investoren aus Saudi-Arabien und den Vereinigten Arabischen Emiraten, die in New Cairo und in Giza eine insgesamt 2000 Hektar große Fläche entwickeln wollen.[114] Diese Dominanz stellen die privaten ägyptischen Unternehmer als Verdrängungsprozess aus dem heimischen Markt dar. Ein Journalist meinte in einem Gespräch mit dem Autor 2017: „They [die privaten Unternehmer] say ‚Everything belongs to the foreigners, but the new communities belong to us.'"

Eine ähnliche Argumentation wurde auch von Unternehmen vertreten, die von der Entwicklung des Regierungsbezirks ausgeschlossen waren. In ihrer Argumentation gegen die Beteiligung des chinesischen Bauunternehmens grif-

---

114 Vgl. Darwish 2016, S. 2; Deknatel 2012.

fen sie auf das Gesetz Nr. 143 aus dem Jahr 1981 zurück, wonach Gemeinschaftsunternehmen und Gemeinschaftsprojekte mit ausländischen Unternehmen nur dann begonnen werden dürfen, wenn Ägypter über mindestens 51 Prozent des Kapitals verfügen.[115] As-Sīsī wie Madbūlī verlautbarten mehrfach, dass die Beteiligung der Chinesen nur geringfügig sei. 80 bis 85 Prozent der Neuen Verwaltungshauptstadt würden durch ägyptische Unternehmen errichtet, und die Rohmaterialien beziehe man aus Ägypten.[116]

Die staatlichen Entscheidungsträger erwogen allerdings intern, die Anteilsrechte von ausländischen Unternehmen per Gesetz oder Ausnahmeregelung zu erweitern, da die 51-Prozent-Marke in der Kooperation mit CSCEC bei weitem nicht eingehalten wurde. Dies war den ausgeschlossenen Privatunternehmern bekannt, weswegen sie die Beteiligung in Sitzungen mit dem Wohnungsbauministerium als „Ausverkauf Ägyptens" in einem nationalen Projekt darstellten. Soweit rekonstruierbar, führten also auch die anhaltende Opposition der Privatunternehmer und der Misserfolg im Zugriff auf chinesisches Kapital zum Abbruch der Beteiligung von CSCEC.[117] Die meisten privaten Unternehmer – natürlich mit Ausnahme derer, die mit CSCEC kooperiert hatten – begrüßten daher das Ausscheiden des ausländischen Investors und Entwicklers. Der Sprecher einer Vereinigung ägyptischer Immobilienentwickler sah im Februar 2017 das Ende der chinesisch-ägyptischen Zusammenarbeit in der Neuen Verwaltungshauptstadt als Möglichkeit, ägyptische Unternehmen mit Kapital auszustatten und so ihre Liquidität zu fördern. Der Vorsitzende eines Immobilienbewertungsunternehmens erklärte: „Egypt does not need any foreign bodies for the implementation of the administrative capital project or even funding for installing utilities."[118] Seiner Ansicht nach könnten private Unternehmer das Projekt alleine stemmen.

5.4.2 Zielvorstellungen der privaten Akteure

Die Frage nach den Zielvorstellungen der privaten ägyptischen Immobilienentwickler lässt sich auf den ersten Blick leicht beantworten. Profit und wirtschaftliches Wachstum sind zweifellos die wichtigen Triebkräfte der Branche, doch

---

115 Vgl. American Chamber of Commerce in Egypt 2005.
116 Vgl. aš-Šarq al-Awṣaṭ 2015; Mitwallī 2015.
117 Als offizieller Grund wurde ein zu hoher Kostenvoranschlag genannt, den ägyptische Unternehmer unterboten hätten (vgl. al-ʿIrāqī et al. 2017).
118 Mounir 2017.

verbirgt sich hinter den beiden Begriffen ein spezifisch ägyptischer Mechanismus: Ein Unternehmen erwirbt – für gewöhnlich von der NUCA, in diesem Fall von der ACUD oder ihr unterstehenden Institutionen – in einer Auktion oder in direkter Absprache eine Parzelle, für die eine Anzahlung geleistet wird. Schon während der Designphase werden die Immobilien beworben und an Interessenten verkauft. Das ägyptische System sieht gestaffelte Zahlungen der Käufer vor, die sich aus Einmalzahlungen zu bestimmten Anlässen, etwa der Vertragsunterzeichnung, und Monatsraten zusammensetzen. Mit diesen Vorschüssen des Kunden wird im Idealfall die gesamte Immobilie entwickelt, ohne dass Kredite aufgenommen werden müssen. Der Bau folgt damit der Bezahlung: „In Egypt developers put the initial investment, and then sell off plan. The cash generated is then used in their projects. In order for our model to continue, the investment cycle has to go on."[119] Die allgemeine Akzeptanz des Großprojekts durch die privaten Unternehmen ist also sichergestellt, sofern die Entscheidungsträger durch die Auftragsvergabe an die Unternehmen besagten „investment cycle" am Leben halten. Soweit sich die Erfahrungen aus der Feldforschung generalisieren lassen, ist der letztliche Zweck der Neuen Verwaltungshauptstadt aus der Perspektive der privaten Akteure damit die Bereitstellung von neuen Entwicklungsflächen und Angeboten zur Akkumulierung von Unternehmenskapital.

---

119 Ismaeil 2017, S. 10.

6 Fazit

Die Arabische Wüste ist keine leere, unberührte Fläche. Sie ist vielmehr zergliedert durch Besitzrechte und überlappende Verantwortungsbereiche, die raumbezogene Konflikte bewirken. Dementsprechend füllt die Urbanisierung die Wüste nicht im Sinne einer erstmaligen Aufladung des Raums mit Interpretationen und sozialen Handlungen. Sie gibt lediglich einen Anstoß für neue räumliche Verwertungsinteressen und Konflikte, an denen Akteure mit unterschiedlicher Ressourcenausstattung teilnehmen. Dies gilt für die Urbanisierung im Allgemeinen ebenso wie für die Neue Verwaltungshauptstadt im Besonderen. Der Konflikt der Akteure um die Einflussnahme im Großprojekt ist durch ein komplexes Zusammenspiel verschiedener Handlungen gekennzeichnet, welche die Machtpositionen der Akteure deutlich machen. Das Wohnungsbauministerium, das anfangs noch über eine relativ große Machtfülle im Projekt verfügte und sich in der Projektleitung positionierte, wird zunehmend durch die Streitkräfte verdrängt und spielt nur noch eine nachgeordnete Rolle. Das Militär hingegen nutzt seine Ressourcen effizient und verschafft sich, auch dank der Unterstützung des Präsidenten, entscheidende Vorteile im Raumnutzungskonflikt. Die privaten Akteure sind von Beginn an involviert. Es gelingt ihnen als Befehlsempfänger aber nicht, maßgeblichen Einfluss auf die Projektentwicklung zu nehmen.

Die beteiligten Akteure nutzen unterschiedliche Argumentationslinien, um die Entwicklung der Neuen Verwaltungshauptstadt einerseits in der Öffentlichkeit zu vertreten und andererseits ihre Mitwirkung gegenüber Konkurrenten zu verteidigen. Der Präsident präsentiert sich als sorgenvoller Landesvater, dessen „Stadt für alle" einen baldigen Neuanfang mit Arbeitsplätzen und Wohnraum für alle Schichten verheißt. Angesichts der vielfältigen Abhängigkeitsbeziehungen mit dem Militär tritt as-Sīsī im Zusammenhang mit dem Projekt auch als Verteidiger der Streitkräfte auf. Er deckt ihr Vorgehen mit dem Argument, das Militär beschütze durch seine Handlungen die Nation. Demgegenüber basiert die projektinterne Argumentation der Streitkräfte auf einem Zirkelschluss: Da das Militär über zahlreiche Ressourcen verfügt, sei es in der Lage, diese Ressourcen zur Unterstützung des Projekts einzusetzen; um mehr Macht zu gewinnen, argumentiert das Militär also mit seiner Machtposition. Der Wohnungsbauminister zeichnet zunächst ähnlich wie der Präsident das Bild eines eigenständigen Großprojekts, stößt aber auf den Widerstand der GOPP. Um behördeninterne Konflikte zu vermeiden und die Zuständigkeit des Ministeriums zu unterstreichen, nähert er sich in seiner Darstellung schrittweise dem Leiter der GOPP an. Die Neue Verwaltungshauptstadt wird demnach als Teil einer konti-

https://doi.org/10.1515/9783110669404-006

nuierlichen Urbanisierungsstrategie konstruiert, die sich – in Widerspruch zu den Aussagen des Präsidenten – gerade nicht von anderen Stadtentwicklungen unterscheidet. Wie vorgeblich auch andere Stadterweiterungen soll dieses Projekt vor allem Wohnraum für einkommensschwächere Schichten bieten. Das wesentliche Distinktionsmerkmal ist der Bau eines Regierungsviertels. Dessen vorgegebener Zweck ist die Verlegung der Behörden aus der Downtown, um die Verkehrsbelastung in der Innenstadt zu senken und die alten Behördengebäude umzunutzen. Neben diesen Vorteilen trage die Neue Verwaltungshauptstadt außerdem zur Sanierung der Staatskasse bei. Dieses Argument wird selbst dann noch genutzt, als die NUCA als Ministerialbehörde Milliarden ägyptische Pfund in das vom Militär vereinnahmte Projekt investieren muss. Die privaten Akteure drängen angesichts der Expansion von Entwicklern aus den Golfstaaten auf eine verstärkte Berücksichtigung nationaler Unternehmen.

Die vertretenen Argumentationslinien bilden nicht notwendigerweise die wahren Zweckvorstellungen der Akteure ab. Am Beispiel der Entwicklung der Neuen Verwaltungshauptstadt ist eindrucksvoll zu sehen, wie sehr die hintergründigen Ziele, soweit sie zu erschließen sind, von den vorgeblichen Aussagen – intern wie extern – abweichen. As-Sīsī möchte mit der Stadt seine Herrschaft sichern und sich insbesondere mit dem Präsidentenpalast ein prestigeträchtiges Denkmal setzen. Hierin findet er Schnittpunkte mit dem Militär, das ebenfalls an einer Herrschaftssicherung interessiert ist und die Stadt zusätzlich als Gelegenheit wahrnimmt, seine Einnahmen durch Immobilienprojekte aufzustocken. Auch das Wohnungsbauministerium verfolgt andere als die vorgegebenen Ziele: Mit dem Bau des Regierungsviertels können sowohl das Ministerium als auch die Unterbehörde GOPP aus einer als „unsicher" wahrgenommenen Innenstadt fortziehen. Auch das prächtige Aussehen der neuen Ministerialgebäude trägt zur Befürwortung des Umzugs bei. Nicht zuletzt hoffen die Planer des Ministeriums, dass sich ihre Ideen für ein Utopia abseits der Agglomeration materialisieren und die Wüstenurbanisierung damit zu dem Erfolg wird, der seit Jahrzehnten ausbleibt. Die privaten Akteure hingegen bedienen in der Neuen Verwaltungshauptstadt als einzigem großen Urbanisierungsprojekt in der Arabischen Wüste ihren Bedarf nach Flächen für Immobilienprojekte, der aufgrund des spezifisch ägyptischen Finanzierungsmodells kein Ende findet.

Vorerst scheint das Militär das Projekt unter seine Kontrolle gebracht zu haben. Dies ändert sich auch nicht dadurch, dass seit Herbst 2017 wieder Verhandlungen mit emiratischen und chinesischen Investoren und Entwicklern geführt werden.[120] Trotz zahlreicher Ankündigungen haben die ausländischen Partner noch keine Bauprojekte verwirklicht (Stand Juli 2018).

Die Analyse zeigt, dass die Akteure im erörterten Urbanisierungsprozess unterschiedliche Interessen verfolgen und diese in unterschiedlichem Maße durchsetzen können. Die Zweckvorstellungen sind auf den eigenen Nutzen der Akteure ausgelegt. Gegenüber der Öffentlichkeit werden defensiv ausgerichtete, rein rhetorische Gebilde verwendet, die nur schwer mit der tatsächlichen Projektentwicklung in Einklang zu bringen sind. Projektintern versuchen Akteure, ihre Machtposition zu festigen, und nicht, die Effizienz des Großprojekts zu steigern. Die Machtkämpfe um die Deutungshoheit und die Entscheidungsgewalt in der Neuen Verwaltungshauptstadt erwecken den Eindruck eines Nullsummenspiels, in dem am Ende womöglich keiner gewinnt.

---

120 Vgl. al-ʿArabī al-Ǧadīd 2017; Youm7 2017.

Literatur

ʿAbdālla, Muḥammad (2017): العاصمة الإدارية الجديدة. مخاوف من الفشل [Die Neue Verwaltungshauptstadt. Die Angst vor Versagen]. In: al-Badīl, 22.01.2017. Online: https://elbadil.com/2017/01/العاصمة-الإدارية-مخاوف-من-الف/

Abul-Magd, Zeinab (2011): The Army and the Economy in Egypt. In: Jadaliyya, 23.12.2011. Online: http://www.jadaliyya.com/pages/index/3732/the-army-and-the-economy-in-egypt

Adriansen, Hanne K. (2009): Land Reclamation in Egypt. A Study of Life in the New Lands. In: Geoforum 40, S. 664-674.

al-Aees, Shaimaa (2017): Saudi Arabia Ranks First among Arab Countries in Investing in Egyptian Market: Kabil. In: Daily News Egypt, 24.04.2017, S. 3.

Affan, Mohammad (2016): Comparing the Failed Coup Attempt in Turkey with the Coup in Egypt. In: Al-Sharq Forum, August 2016, S. 1–7. Online: https://www.researchgate.net/publication/305984894_Comparing_the_failed_coup_attempt_in_Turkey_with_the_coup_in_Egypt

Aḥmed, Aḥmed M. (2016): رئيس «التخطيط العمرانى» لـ«الوطن»: خزانة الدولة لا تتحمل مليماً واحداً من المشروعات القومية [Vorsitzender der Stadtplanungsbehörde zu al-Watan: Staat kann nicht einen Cent für Projekte ausgeben]. In: al-Waṭan, 08.11.2016. Online: http://www.elwatannews.com/news/details/1571486

al-Ahrām (2017): وزير الإسكان فى ندوة «الأهرام» : انفراج أزمة الإسكان خلال 4 سنوات [Wohnungsbauminister während Konferenz von al-Ahram: Turbulenter Wohnungsmarkt entspannt sich in 4 Jahren]. In: al-Ahrām, 13.09.2017. Online: http://www.ahram.org.eg/NewsQ/613145.aspx

Alexander, Anne (2005): Nasser. His Life and Times. Kairo, The American University in Cairo Press.

Aly, Ahmed (2015): HCCD Bans Recruiting Temporary Staff as Regular Workers. In: al-Alma News, 28.12.2016. Online: http://en.almalnews.com/Pages/StoryDetails.aspx?ID=5272#.Wdh7SDBpE2w

American Chamber of Commerce in Egypt (2005): Doing Business in Egypt. Laws and Regulations. In: American Chamber of Commerce in Egpyt, 10.11.2005. Online: http://www.amcham.org.eg/information-resources/trade-resources/doing-business-in-egypt/laws-regulations

al-ʿArabī al-Ǧadīd (2017): السيسي في الصين لتمويل العاصمة الجديدة [As-Sīsī in China, um Finanzierung der Neuen Hauptstadt zu sichern]. In: al-ʿArabī al-Ǧadīd, 03.09.2017. Online: https://www.alaraby.co.uk/politics/2017/9/2/1-السيسي-في-الصين-لتمويل-العاصمة-الجديدة

Ara Reuters (2016): السيسي: النشاط الاقتصادي للقوات المسلحة يعادل 1.5-1 بالمئة من اقتصاد مصر [As-Sīsī: Wirtschaftliche Aktivitäten der Streitkräfte machen 1,5-1% der ägyptischen Wirtschaft aus]. In: Ara Reuters, 01.10.2016. Online: http://ara.reuters.com/article/businessNews/idARAKCN12P2UM

al-ʿAzīm, Āmina ʿA. (2014): وزير الإسكان يتفقد موقع العاصمة الإدارية الجديدة بطريق السويس [Wohnungsbauminister inspiziert Standort der Neuen Verwaltungshauptstadt auf dem Weg nach Suez]. In: al-Balad, 05.08.2014. Online: http://www.elbalad.news/1083610

https://doi.org/10.1515/9783110669404-007

Aziz, Sahar F. (2016): Military Electoral Authoritarianism in Egypt. In: Election Law Journal. Rules, Politics, and Policy 16, H. 2, S. 280-295. Online: https://papers.ssrn.com/sol3/papers.cfm?abstract_id=2810956

Badīr, Abdālla (2016): وزير الإسكان يعرض على السعودية تنفيذ العاصمة الإدارية [Wohnungsbauminister bietet Saudi-Arabien Entwicklung der Verwaltungshauptstadt an]. In: Masr al-Arabia, 04.01.2016. Online: http://www.masralarabia.com/866248-/مصر/وزير-الإسكان-يعرض-على-السعودية-تنفيذ-العاصمة-الإدارية

Bawābat aš-Šurūq (2015): وزير الإسكان يعرض مشروعات «العاصمة الإدارية» و«العلمين الجديدة» على شركة إنشاءات هندية [Wohnungsbauminister stellt Projekte der „Verwaltungshauptstadt" und „Neu-'Alamains" indischen Bauunternehmen vor]. In: Bawābat aš-Šurūq, 13.10.2015. Online: http://www.shorouknews.com/news/view.aspx?cdate=13102015&id=c16c250b-7acd-4d46-9231-c04fc5db5e00

al-Būrṣa (2016): كيف تمول الدولة تنفيذ ''العاصمة الإدارية''؟ [Wie finanziert der Staat die Entwicklung der Verwaltungshauptstadt?]. In: al-Būrṣa, 02.08.2016. Online: https://alborsanews.com/2016/08/02/875640

Darwish, Mohamed (2016): Ministry of Housing Approaches New Projects Tentatively, Tries to Build Experience, Says Housing Minister Madbouly. Interview. In: Daily News Egypt Real Estate, 07.04.2016, S. 2.

Darwish, Mohamed (2017): NUCA Completes 65% of Its Investment Plan in FY 2016/2017: Mamdouh. In: Daily News Egypt, 30.03.2017, S. 11.

Darwīš, Muḥammad (2017): تفاصيل استثمارات ''المجتمعات العمرانية'' خلال العام المالى الجارى [Details zu Investitionen der NUCA während des laufenden Fiskaljahres]. In: al-Būrṣa, 12.09.2017. Online: https://alborsanews.com/2017/09/12/1050577

Deknatel, Frederick (2012): How the Neoliberal Urban Development Schemes of the Mubarak Regime Have Gained New Life under the Muslim Brotherhood. In: The Nation Online, 31.12.2012. Online: https://www.thenation.com/article/revolution-added-two-years-cairo/

ad-Dīn, Hiba (2011): التخطيط العمرانى: مخطط القاهرة 2050 سيضع حدًا لكافة مشاكل العاصمة [Stadtplanung: Pläne für Kairo 2050 lösen alle Probleme der Hauptstadt]. In: Youm7, 24.01.2011. Online: http://www.youm7.com/Article/NewsPrint/342604

Dobrowolska, Agnieszka und Jaroslaw Dobrowolski (2006): Heliopolis. Rebirth of the City of the Sun. Kairo, The American University in Cairo Press.

Dorman, William J. (2013): Exclusion and Informality. The Praetorian Politics of Land Management in Cairo, Egypt. In: International Journal of Urban and Regional Research 37, H. 5, S. 1584-1610.

Egypt Urban Forum (2015): Egypt's Strategic National Urban Plan & Mega Projects. Präsentation auf dem Egypt Urban Forum, 14.-16.06.2015. Online: http://www.egypturbanforum.com/egypts-strategic-national-urban-plan-mega-projects/

Egyptian Gazette (2017): China Seeks Bigger Role in Transport Projects. In: Egyptian Gazette, 04.05.2017, S. 2.

Elsayed, Solyman (2017): Suez Canal Revenues Hit $40m in May. In: Daily News Egypt, 21.06.2017, S. 3.

El-Shahed, Mohamed (2015): Nasr City was Once Egypt's New Capital. But Things Went Wrong. In: Cairobserver, 23.03.2015. Online: http://cairobserver.com/post/114391196879/nasr-city-was-once-egypts-new-capital-but-things#.WVJnvOlCQ2w

Ettouney, Sayed M. (1992): The 'Harah' Revived. An Egyptian Planning Unit on the Transformation of Basic Planning Units in Egyptian New Towns. In: Ettourney, Sayed M. und

Nasamat Abdelkader (Hrsg.): Notes on Housing and Physical Planning. Selected Papers from International Conferences. Kairo, al-ʿArabī li-l-Našir wa at-Tawzīʿa, S. 51-70.

eXtra News (2015): المؤتمر_الاقتصادي. السيسي عن العاصمة الجديدة: 10 سنين مدة طويلة جداً والمشروع سيرحم الناس[Wirtschaftskonferenz. As-Sīsī über die Neue Hauptstadt: 10 Jahre eine lange Dauer, Projekt zum Wohl der Bürger]. In: YouTube, 14.03.2015. Online: https://youtube.com/watch?v=smyhgN34Ero

Ezzat, Samar A. (2017): Unbreakable Cairo-Riyadh Bond. In: Egyptian Gazette, 24.04.2017, S. 3.

Fahmy, Khaled (2015): Chasing Mirages in the Desert. In: Cairobserver, 14.03.2015. Online: http://cairobserver.com/post/113543612414/chasing-mirages-in-the-desert#.VwyvncmhpN3

Fahmy, Ninette S. (2004): A Culture of Poverty or the Poverty of Culture? Informal Settlements and the Debate over the State-Society Relationship in Egypt. In: Middle East Journal 58, H. 4, S. 597-611. Online: http://www.jstor.org/stable/4330065

Farah, Nadia R. (2009): Egypt's Political Economy. Power Relations in Development. Kairo, The American University in Cairo Press.

Feiler, Gil (1992): Housing Policy in Egypt. In: Middle Eastern Studies 28, H. 2, S. 295-312. Online: http://www.jstor.org/stable/4283494

Freedom House (2017): Egypt Profile. Freedom of the Press 2017. Online: https://freedomhouse.org/report/freedom-press/2017/egypt

Ġanīm, Muḥammad. A. W. (2015): الحكومة: «العاصمة الجديدة» لن تكلفنا أى أعباء [Regierung: Neue Hauptstadt wird keine finanzielle Last sein]. In: al-Waṭan, 29.10.2015. Online: http://www.elwatannews.com/news/details/828278

Gerlach, Julia (2015): Der große ägyptische Traum. In: Berliner Zeitung, 16.01.2015. Online: http://www.berliner-zeitung.de/neuer-suez-kanal-der-grosse-aegyptische-traum-3076488

Ghazi, Emad A. (2015): Cultural Policy in Egypt. Architectural Preservation and the Conflict Over Control of Public Space. In: Stryker, Beth und Omar Nagati (Hrsg.): Creative Cities. Re-framing Downtown Cairo. Kairo, Cluster, S. 82-95.

Giddens, Anthony (^{3}1997): Die Konstitution der Gesellschaft. Grundzüge einer Theorie der Strukturierung. Mit einer Einführung von Hans Joas. Frankfurt/Main & New York, Campus.

GOPP (2010): Vision of Cairo 2050. Within a National Vision of Egypt. Präsentation. Kairo.

GOPP (2012): استراتيجية التنمية العمرانية للقاهرة الكبري : الجزء الاول الرؤية المستقبلية والتوجهات الاستراتيجية[Urbane Entwicklungsstrategie für Großkairo. Erster Teil der zukünftigen Vision und strategischer Richtlinien]. Kairo.

GOPP (2014): مشروع الهيكلة العمرانية لإقليم القاهرة الكبرى. التقرير الثاني[Projekt der urbanen Strukturen des Kairoer Großraums. Zweiter Bericht]. November 2014. Kairo.

GOPP (2015): مشروع الهيكلة العمرانية للقاهيرة الكبرى. التقرير الثالث[Projekt der urbanen Strukturen des Kairoer Großraums. Dritter Bericht]. März 2015. Kairo.

GOPP und UN-Habitat (2012): Strategic Development of Greater Cairo. Online: https://unhabitat.org/strategic-development-of-greater-cairo-english-version/

Gordon, Joel (2000): Nasser 56/Cairo 96. Reimaging Egypt's Lost Community. In: Ambrust, Walter (2000): Mass Mediations. New Approaches to Popular Culture in the Middle East and Beyond. Berkeley, University of California Press, S. 161-181.

al-Ḥāfiz, Aḥmed ʿA. (2014): «الشروق» تنفرد بنشر تفاصيل 22 مشروعًا ضمن مخطط «القاهرة 2052» [aš-Šurūq veröffentlicht exklusiv Details zu 22 Projekten aus den Plänen für Kairo 2052]. In: Bawābat aš-Šurūq, 12.06.2014. Online: http://www.shorouknews.com/news/view.aspx?cdate=12062014&id=df6ad16c-ca31-45e9-b404-2fb129f4ff1d

al-Ḥay'at al-ʿĀmma(li-Šuūn al-Maṭābʿa al-Amīriyyah) (¹⁰2014): قانون رقم 119 لسنة 2008 [Gesetz Nummer 119 für das Jahr 2008]. Kairo, al-Ḥay'at al-ʿĀmma.

al-Ḥamīd, ʿAšraf A. und Ḫālid Ḥusnī (2015): عاصمة جديدة بـ45 مليار دولار [Neue Hauptstadt für 45 Milliarden Dollar]. In: al-ʿArabīya, 14.03.2015. Online: http://www.alarabiya.net/ar/aswaq/economy/2015/03/14/-مصر-تعلن-عزمها-بناء-عاصمة-إدارية-بـ45-مليار-دولار.html

al-Ḥamīd, Samāḥ ʿA. (2017): العاصمة الإدارية الجديدة لـ"الوزير والغفير" [Neue Verwaltungshauptstadt für „Minister und Wächter"]. In: Youm7, 24.04.2017. Online: http://parlmany.youm7.com/News/7/170695/-العاصمة-الإدارية-الجديدة-لـ-الوزير-والغفير

Hann, Chris (2007): Weder nach dem Revolver noch dem Scheckbuch, sondern nach dem Rotstift greifen. Plädoyer eines Ethnologen für die Abschaffung des Kulturbegriffs. In: Zeitschrift für Kulturwissenschaften 1, H. 1, S. 125-146.

Ḥaqqī, Mirwat (2016): العاصمة الادارية الجديدة. مراحل التنفيذ وآفاق المستقبل [Neue Verwaltungshauptstadt. Entwicklungsphasen und Zukunftsperspektive]. State Information Service, 21.12.2016. Online: http://www.sis.gov.eg/Story/132575?lang=ar

Ḥasan, Aḥmad (2016): مجلس إدارة شركة العاصمة الإدارية الجديدة يعقد أول إجتماع له بحضور 13 عضو ويختار أيمن إسماعيل رئيس للشركة [Erste Sitzung des Vorstands des Unternehmens der Neuen Verwaltungshauptstadt mit 13 Teilnehmern und Wahl Ayman Ismāʿīls zum Vorstandsvorsitzenden]. In: Youm7, 10.05.2016. Online: http://www.youm7.com/story/2016/5/10/-مجلس-إدارة-شركة-العاصمة-الإدارية-الجديدة-يعقد-أول-إجتماع-له/2710867

Ḥasan, Aḥmad (2017): العاصمة الإدارية محافظة مستقلة أم تابعة للقاهرة؟ [Wird die Verwaltungshauptstadt eine eigenständige Provinz oder ein Teil Kairos?]. In: Youm7, 27.03.2017. Online: http://www.youm7.com/story/2017/5/27/3255526/-العاصمة-الإدارية-محافظة-مستقلة-أم-تابعة-للقاهرة-سؤال-يجيب-عنه

Heinrich Böll Stiftung (2017): Policy Brief Egypt 2. Radicalization. Regime Repression and Youth Radicalization in Egypt. Berlin, Heinrich-Böll-Stiftung e.V. Online: https://www.boell.de/sites/default/files/egypt-paper2-radicalization.pdf

Hisham, Salah (2017): The Deal of Economics: Egypt Needs Saudi Oil, but at what Cost? In: Daily News Egypt, 28.03.2017, S. 4.

al-ʿIrāqī, Rihām, al-Maṣrī al-Yūm und Muṣṭafā as-Sīd (2017): العاصمة الإدارية الجديدة سباق الحفر فى الصخر [Neue Verwaltungshauptstadt als kompetitive Herausforderung]. In: Al-Masry al-Youm, 22.02.2017. Online: http://www.almasryalyoum.com/news/details/1093241

Ismaeil, Hamada (2017): Private Sector Can Help Government Attract Foreign Investments: Ahmed Shalaby. In: Daily News Egypt, 30.03.2017, S. 10.

Ittiḥād al-Iḏāʿat wa at-Tilīfizīūn al-Maṣrī (2015): كلمة الرئيس عبد الفتاح السيسي في ختام المؤتمر الاقتصادي [Schlussrede von Präsident ʿAbd al-Fattāḥ as-Sīsī auf der Wirtschaftskonferenz]. In: YouTube, 15.03.2015. Online: https://www.youtube.com/watch?v=8QxoGdYnr7Q

Kandil, Hazem (2016): Sisi's Egypt. Interview. In: New Left Review, 20.11.2016. Online: https://newleftreview.org/II/102/hazem-kandil-sisi-s-egypt

Keraitim, Sahar und Samia Mehrez (2012): Mulid al-Tahrir. Semiotics of a Revolution. In: Mehrez, Samia (Hrsg.): Translating Egypt's Revolution. The Language of Tahrir. Kairo, The American University in Cairo Press, S. 25-68.

Kießling, Bernd (1988): Die ‚Theorie der Strukturierung'. Ein Interview mit Anthony Giddens. In: Zeitschrift für Soziologie 17, H. 4, S. 286-295.

King, David T., Bruce MacQueen und Mack Ott (2004): The Costs of Not Privatizing. An Assessment of Egypt. United States Agency for Industrial Development. Online: http://pdf.usaid.gov/pdf_docs/Pnacy573.pdf

Kirsch, Guy (⁵2004): Neue Politische Ökonomie. Stuttgart, Lucius und Lucius.

Loewe, Markus (2015): Ausbau des Suezkanals. Was hat Ägypten davon? Bonn, Deutsches Institut für Entwicklungspolitik, 24.08.2015. Online: https://www.die-gdi.de/uploads/media/Deutsches_Institut_fuer_Entwicklungspolitik_Loewe_24.08.2015.pdf

Madā Maṣr (2017): Infinite Eyes in the Network: Government Escalates Attack on Secure Communication. In: Madā Maṣr, 10.02.2017. Online: https://www.madamasr.com/en/2017/02/10/feature/politics/infinite-eyes-in-the-network-government-escalates-attack-on-secure-communication/

Magid, Pesha (2014): Prime Minister Says State is Reclaiming Downtown. In: Madā Maṣr, 27.08.2015. Online: https://www.madamasr.com/en/2014/08/27/news/u/prime-minister-says-state-is-reclaiming-downtown/

Malinowski, Bronislaw (1979): Argonauten des westlichen Pazifik. Frankfurt/Main, Syndikat.

Marshall, Shana (2015): The Egyptian Armed Forces and the Remaking of an Economic Empire. Beirut, Carnegie Middle East Center. Online: http://carnegie-mec.org/2015/04/15/egyptian-armed-forces-and-remaking-of-economic-empire-pub-59726

Meyer, Günter (1988): Wirtschaftsgeographische Probleme der Industrieansiedlung in den neuen Entlastungsstädten der ägyptischen Metropole. In: Erdkunde 42, H. 4, S. 284-294.

Ministry of Housing (2017): Synopsis of Ministry. Ministry of Housing. Online: http://www.moh.gov.eg/en/en_design/summary_en.aspx

Mitwallī, Aḥmed S. (2015): تنفيذ المرحلة الأولى من العاصمة الجديدة خلال عامين [Umsetzung der ersten Phase der Neuen Hauptstadt in zwei Jahren]. In: al-Ahrām, 13.10.2015. Online: http://www.ahram.org.eg/NewsQ/443129.aspx

Momami, Bessma (2005): IMF-Egyptian Debt Negotiations. Kairo (= Cairo Papers in Social Science 26, H. 3), The American University in Cairo Press.

Monier, Hossam (2017): Military Production Ministry, NI Capital Sign Contract to Restructure Companies That are Incurring Losses. In: Daily News Egypt, 11.01.2017, S. 1, 5.

Mounir, Hossam (2017): Assigning Implementation of New Administrative Capital to Egyptian Companies Falls in Favour of Banks in Egypt. Abdellah. In: Daily News Egypt, 19.02.2017. Online: http://dailynewsegypt.com/2017/02/19/615665/

MPMAR [Ministry of Planning, Monitoring and Administrative Reform] (2016): Sustainable Development Strategy. Egypt's Vision 2030. Kairo. Online: http://sdsegypt2030.com/category/reports-en/page/2/?lang=en

Nādī, Muʿataz, Bāhī Ḥasan und Muḥammad Kasāb (2014a): السيسي: »الملك عبدالله حكيم وكبير العرب ويقول للسعوديين متشكرين« [As-Sīsī: König ʿAbdulla ist weise und ein Vorbild für alle Araber und ich spreche den Saudi-Arabern meinen Dank aus]. In: Al-Masry al-Youm, 06.05.2014. Online: http://www.almasryalyoum.com/news/details/441561

Nādī, Muʿataz, Bāhī Ḥasan und Muḥammad Kasāb (2014b): السيسي يطلب مساعدة الدول العربية [As-Sīsī bittet arabische Welt um Hilfe]. In: Al-Masry al-Youm, 06.05.2014. Online: http://www.almasryalyoum.com/news/details/441565

Nādī, Muʿataz und Bassām Ramaḍān (2014): السيسي: التنمية الجديدة تعتمد على إعادة رسم الخريطة [As-Sīsī: Neue Entwicklung abhängig von Neuaufstellung der Pläne]. In: Al-Masry al-Youm, 18.05.2014. Online: http://www.almasryalyoum.com/news/details/448388

Nassif, Helena (2017): On Punishability. Researching in Egypt after Regini. In: Madā Maṣr, 03.02.2017. Online: http://www.madamasr.com/en/2017/02/03/opinion/u/on-punishability-researching-in-egypt-after-regeni/

NUCA (2014): وزير الإسكان : العاصمة الإدارية الجديدة لن تكلّف الدولة مليما واحدا [Wohnungsbauminister: Neue Verwaltungshauptstadt wird den Staat nicht einen Cent kosten]. NUCA, 29.09.2014. Online: http://www.newcities.gov.eg/dispNews.aspx?ID=970

ON Ent (2015): السيسي يضغط علي الهيئة الهندسية لتنفيذ العاصمة الإدارية الجديدة خلال عامين [As-Sīsī treibt Ingenieursbehörde an, Neue Verwaltungshauptstadt in zwei Jahren zu entwickeln]. In: YouTube, 16.08.2015. Online: https://youtube.com/watch?v=N3XvOwP41Dk

Rabīʿa, Karīm (2014): مصادر بـ"الإسكان": العاصمة الإدارية ليست جديدة [Informanten im Wohnungsbauministerium: Verwaltungshauptstadt nicht neu]. In: Bawābat aš-Šurūq, 18.07.2014 , S. 3.

Radar (2015): الرئيس السيسي يتحدث عن العاصمة الإدارية الجديدة [Präsident as-Sīsī spricht über Neue Verwaltungshauptstadt]. In: YouTube, 12.05.2015. Online: https://www.youtube.com/watch?v=QZlq_qfabkk

Radl, Sascha (2015): Abdel Fattah el-Sisis neoliberale Visionen. In: Informationsprojekt Naher und Mittlerer Osten (INAMO) 83, S. 36-46.

Raymond, André (2001): Cairo. City of History. Kairo, The American University in Cairo Press.

Reeve, Christopher (2011): What Ever Happened to Cairo 2050? In: Egypt Independent, 29.07.2011. Online: http://www.egyptindependent.com/what-ever-happened-cairo-2050/

Reuber, Paul (1999): Raumbezogene politische Konflikte. Geographische Konfliktforschung am Beispiel von Gemeindegebietsreformen. Stuttgart, Franz Steiner.

Reuber, Paul (2012): Politische Geographie. Paderborn, UTB.

Roll, Stephan (2013): Egypt's Business Elite after Mubarak. A Powerful Player between Generals and Brotherhood. Berlin (= SWP Research Paper), Stiftung Wissenschaft und Politik. Online: https://www.swp-berlin.org/fileadmin/contents/products/research_papers/2013_RP08_ rll.pdf

Roll, Stephan (2016): Managing Change. How Egypt's Military Leadership Shaped the Transformation. In: Mediterranean Politics 21, S. 23-43. Online: http://www.tandfonline.com/doi/ pdf/10.1080/13629395.2015.1081452?needAccess=true

Salah, Hisham (2017): Withdrawals Grant Government a Chance to Rethink New Capital Project. UC Chairperson. In: Daily News Egypt, 13.02.2017. Online: http://dailynewsegypt.com/2017/02/13/615281/

Salem, Mona (2015): Jihadi-Targeted Egypt Courts Foreign Investors. In: The Daily Star Lebanon, 13.03.2015. Online: http://www.dailystar.com.lb/News/Middle-East/2015/Mar-13/290644-jihadi-targeted-egypt-courts-foreign-investors.ashx

Salhi, Ribhi (2016): Egypt Upheaval 2011-2013. Is it the Two Revolutions or the Two Coups? An Analysis of a Complex Adaptive System. In: Illinois Political Science Review 16, S. 93-122. Online: https://www.researchgate.net/publication/309738051_Egypt_Upheaval_2011-2013_Is_it_the_Two_Revolutions_or_the_Two_Coups_An_Analysis_of_a_Complex_Adaptive_System

Samīkah, Muḥsin und Fatḥiyya ad-Daḫāḫnī (2015): السيسي يطالب الجيش بإخلاء أراضٍ تابعة له تمهيدًا لإنشاء العاصمة الجديدة [As-Sīsī fordert vom Militär Evakuierung für Baubeginn der Neuen Hauptstadt]. In: Al-Masry al-Youm, 18.03.2015. Online: http://www.almasryalyoum.com/ news/details/683386

Samra, Yasmine (2017): Minister Sahar Nasr. Egypt Ready for Investment. Interview. In: Business Today Egypt 33, H. 6, S. 48-53.

aš-Šarq al-Awṣaṭ (2015): مؤتمر عالمي نهاية الشهر لطرح العاصمة الإدارية الجديدة في مصر [Weltkonferenz an Monatsende zur Präsentation der Neuen Verwaltungshauptstadt in Ägypten]. In: aš-Šarq al-Awṣaṭ, 18.10.2015. Online: https://aawsat.com/home/article/47642/-مؤتمر-عالمي-نهاية-الشهر-لطرح-العاصمة-الإدارية-الجديدة-في-مصر

Sayigh, Yezid (2012): Above the State. The Officers' Republic in Egypt. Beirut, Carnegie Middle East Center, 01.08.2012. Online: http://carnegie-mec.org/2012/08/01/above-state-officers-republic-in-egypt-pub-48972

Sennett, Richard (1970): The Uses of Disorder. Personal Identity and City Life. New York, W. W. Norton & Company.

el-Shafie, Hatem (2002): An Assessment of the New Cairo City. In: Journal of Engineering and Applied Science. Faculty of Engineering Cairo University 49, S. 681-698.

Shawkat, Yahia und Mennatullah Hendawy (2017): The Built Environment Budget 16/17. Part I: An Overview of Spatial Justice. In: Marṣad ʿAmrān, 15.05.2017. Online: http://marsadomran.info/en/policy_analysis/urban-en/2017/05/800/

Shenker, Jack (2011): Cairo Divided. A Megacity Turns Itself Inside Out. London.

Shenker, Jack (2017): Egypt, Rebranded. Illusions of Prosperity and Liberty amid a Thwarted Revolution. In: The Cairo Review of Global Affairs 24, S. 71-79.

Sims, David (2012): Understanding Cairo. The Logic of a City out of Control. Kairo, The American University in Cairo Press.

Sims, David (2014): Egypt's Desert Dreams. Development or Disaster? Kairo, The American University in Cairo Press.

Sims, David, Hazem Kamal und Doris Solomon (2008): Housing Study for Urban Egypt. Technical Assistance for Policy Reform 2. United States Agency for Industrial Development. Online: pdf.usaid.gov/pdf_docs/Pnady276.pdf

Singerman, Diane (Hrsg.) (2009): Cairo Contested. Governance, Urban Space, and Global Modernity. Kairo, The American University in Cairo Press.

Singerman, Diane und Paul Amar (Hrsg.) (2006): Cairo Cosmopolitan. Politics, Culture, and Urban Space in the New Globalized Middle East. Kairo, The American University in Cairo Press.

Stadnicki, Roman (2016): An Urban Revolution in Egypt? In: Rougier, Bernard und Stéphane Lacroix (Hrsg.): Egypt's Revolutions. Politics, Religion, and Social Movements. Basingstoke, Palgrave Macmillan, S. 229-244.

Stagl, Justin (2002): Feldforschungsideologie. In: Fischer, Hans (Hrsg.): Feldforschungen. Erfahrungsberichte zur Einführung. Berlin (= Ethnologische Paperbacks), Reimer, S. 267-291.

State Information Service (2017): New Administrative Capital. Online: http://www.sis.gov.eg/section/352/5238?lang=en-us

Stewart, Dona J. (1996): Cities in the Desert. The Egyptian New-Town Program. In: Annals of the Association of American Geographers 86, H. 3, S. 459-480.

Strübing, Jörg (2013): Qualitative Sozialforschung. Eine komprimierte Einführung für Studierende. München, De Gruyter Oldenbourg.

Tadamun (2014): Cairo 2050 Revisited. The Role of International Organizations in Planning Cairo. In: Tadamun, 15.12.2014. Online: http://www.tadamun.co/2014/12/15/role-international-organizations-planning-cairo/?lang=en#.WYtMHuICQ2x

Ṭāriq, Muḥammad (2016): الحكومة تخصص 285 ألف وحدة سكنية لمحدودي الدخل بالعاصمة الإدارية الجديدة [Regierung weist 285 Tausend Wohneinheiten einkommensschwachen Haushalten in Neuer Verwaltungshauptstadt zu]. In: al-Waṭan, 18.05.2016. Online: http://www.elwatannews.com/news/details/1179410

UNDP (2007): Strategic Urban Development Plan for Greater Cairo Region. Kairo, UNDP in Egypt. Online: http://www.eg.undp.org/content/dam/egypt/docs/Governance/03ProDocGreaterCairo.pdf

Wagner, Gerhard (1990): Emile Durkheim und Ferdinand de Saussure. Einige Bemerkungen zum Problem sozialer Ordnung. In: Zeitschrift für Soziologie 19, H. 1, S. 13-25.

Wahdan, Dalia (2013): Planning Egypt's New Settlements. The Politics of Spatial Inequities. Kairo, New York.

Witzel, Andreas (2000): Das problemzentrierte Interview. In: Forum Qualitative Sozialforschung 1, H. 1, Art. 22. Online: http://nbn-resolving.de/urn:nbn:de:0114-fqs0001228

Wolkersdorfer, Günter (2001): Politische Geographie und Geopolitik zwischen Moderne und Postmoderne. Heidelberg, Geographisches Institut der Universität Heidelberg (Diss.).

World Bank (2006a): Egypt Public Land Management Strategy 2. Background Notes on Access to Public Land by Investment Sector. Industry, Tourism, Agriculture, and Real Estate Development. Report No. 36520. 15.06.2006. Draft. Washington D.C. Online: http://documents.worldbank.org/curated/en/2006/06/8912374/egypt-public-land-management-strategy-vol-2-2-background-notes-access-public-land-investment-sector-industry-tourism-agriculture-real-estate-development

World Bank (2006b): Arab Republic of Egypt. Egypt Public Land Management Strategy 1. Policy Note. 15.06.2006. Report No. 36520. Online: https://openknowledge.worldbank.org/handle/ 10986/19447

World Bank (2008): Arab Republic of Egypt. Towards an Urban Sector Strategy. Online: https://openknowledge.worldbank.org/bitstream/handle/10986/19433/411780v20ESW0E1Box0327393B01PUBLIC1.pdf?sequence=1&isAllowed=y.

World Bank (2012): Reshaping Egypt's Economic Geography. Domestic Integration as a Development Platform. Online: https://openknowledge.worldbank.org/handle/10986/11903

World Bank (2017): Cities Are Where the Future is Being Built. In: World Bank Live, 21.04.2017. Online: http://live.worldbank.org/cities-and-regions

Wurzel, Ulrich. G. (1996): Entwicklung der Entlastungsstadt Tenth of Ramadan in Ägypten. Erfolge und Fehlschläge in Industrie, Wohnungswesen und Infrastruktur. Hamburg (= Studien zur Volkswirtschaft des Vorderen Orients 8), LIT.

Youm7 (2017): سحر نصر تتفق مع محمد العبار على ضخ استثمارات جديدة بالعاصمة الإدارية [Saḥar Naṣr stimmt Muḥammad al-ʿAbbār bei neuen Investitionen in Neue Verwaltungshauptstadt zu]. In: Youm7, 31.07.2017. Online: http://www.youm7.com/story/2017/7/31/-سحر-نصر-تتفق-مع-محمد-العبار-على-ضخ-استثمارات-جديدة

Zīāda, Aḥmed Ǧ. (2017): بقرارات رسمية: أراض خصصها السيسي للجيش منذ توليه الحكم [Mittels amtlicher Entscheidungen: Flächenzuweisungen an das Militär seit Regierungsantritt]. In: Iḍaḥāt, 10.03.2017. Online: https://www.ida2at.com/land-allocated-by-sisi-for-the-military-since-he-became-president/

Alle Zugriffe auf digitale Medien erfolgten im Zeitraum von September 2016 bis November 2017.